聖中心伝

肥田春充の生涯と強健術　青年編

酒井嘉和

聖中心伝

肥田春充の生涯と強健術

青年編

酒井嘉和　著

序

肥田春充（一八八三～一九五六）と、その創始となる肥田式強健術ほど現代人から忘れ去られていながら、現代人にとって大きな意義を持つ生涯とメソッドはそうは多くないだろう。

これまで語られてきた春充の生涯は、およそ次のようなものだった。

虚弱を克服するため発奮した春充は、独自の健康法「強健術」を編み出し、それによって見事強靭な肉体と明晰な頭脳を手に入れる。そして、その肉体と頭脳をもって国士として様々な大正、昭和の歴史的事件に関係し日米戦阻止などを企てるも、「強健術」で独特の境地に達した春充は、伊豆に引きこもり、独自の境地より見た人類の未来に絶望し断食の末他界する。と、いうような立志伝中の人物的な表現か、晩年に獲得した驚異的な記憶力、計算力等の能力を取り上げ、「強健術」を一種の超能力獲得体操のように捉える浅薄な紹介が多く、これまで中々人々の関心を集めることが無かった。

しかしながら、先にも記した通り春充の生涯と「強健術」は、現代人にこそ必要とされる豊かな可能性と意義を秘めている。

たとえば、春充が創始した「強健術」は、わずか数分の時間行うだけで身体と精神の健康を維持、増進することが可能であり、しかもそれは、畳一畳分の広さがあれば十分なのである。まとまった時間や広い場所が必要な、ヨーガや太極拳などの健康法に比べてはるかに簡便でありながら同様かそれ以上の効果が期待できる。

それは、寝床の中でも、通勤途上の電車の中でも、職場の椅子の上でも実行可能である。まさに多忙な現代人に打ってつけの究極の運動法と言うことが出来る。そして、「強健術」は幼児から女性、老人にも無理なく行える万人向けの運動法である。それは、病弱であった春充が虚弱を克服した運動なのだからむしろ当然とも言える。今後高齢化が進む中、自力で生活できる健康と頭脳の明晰さをいつまでも保つ運動法としては、理想的なものである。

さらに、身体の健康ばかりではなく、精神の健康にも「強健術」は有効である。春充は、「強健術」を行うことにより、鬱に近い精神状態を改善した。しかもそれは、観念などの心理的な操作や瞑想等を用いず、純粋に肉体を操作することだけによってである。

春充はこの境地をさらに推し進め、禅の大悟ともいえる境地にまで達している。そこまで行かなくとも、ストレスの多い現代に時間をかけずに、運動のみで精神の安定と健康を保てる「強健術」は、まとまった時間と観念を必要とするマインドフルネスのような瞑想法に比べ簡便な点で優れているとも言えるだろう。

以上のような効果を持つ「強健術」を、春充はいかにして編み出し、また「強健術」とは一体どのようなものなのか？　その答えを、春充の生涯を青年、壮年、晩年の三期に分け、詳細に辿ることにより明らかにしていきたい。

まず『青年編』では、春充に巨大な影響を与えた武術家の祖父、蘭方医の父、そしてキリスト教者の兄、この三人の生涯と、生まれながらにして虚弱で二度死の宣告を受け、また一年あまりの短期間に母と兄弟姉妹五人と死別するという悲劇を経験した春充の幼少期を眺め、春充がその虚弱を脱出し強健な肉体を手にするために講じた方針と方法を、参考にした古今東西の運動法、養生法等を詳細に検討しつつ辿る。

するとそこに、現代では完全にと言ってよいほど忘れ去られてしまった、ある〝身体操作技術〟が浮かび上がってくる。これが後に「中心力」と呼ばれる肥田式強健術の最も重要な運動原理として発展する〝身体操作技術〟である。春充は、この「中心力」によって強靭でたくましい肉体を手にいれたばかりではなく、同時に明晰な頭脳をも手に入れ、三大学四学科に同時に入学し、その後近衛歩兵第四連隊に入隊し優秀な成績で除隊している。そして肉体と頭脳を劇的に改造したこの方法を、『実験　簡易強健術』（明治四十四年文栄閣、春秋社刊）という本として発表するとたちまちベストセラーとなり、陸海軍、公官庁、各学校、大手企業などで採用され一大ムーブメントを引き起こすまでになる。

以上のように春充が創始したこの「強健術」は、肉体と頭脳をトータルに開発するメソッドとして各界で注目されていたが、現代になり前述の〝身体操作技術〟が忘却されるに従い、春充のいう「中心力」という運動原理も具体的にどのようなものなのかあいまいになってきてしまう。それに伴い「強健術」をやってみたが効果が無かった。あるいは型を無理に真似て行ったところ、健康になるどころか逆に腰を痛めてしまったなどの弊害が聞かれるようになる。また、「強健術」をやる前に、他の武術や鍛錬法でいわゆる丹田、気合等を習得してからでないと「強健術」はやっても意味がない、あるいはひたすら型を正確に行うことにより「中心力」は会得されるなどの根拠薄弱で恣意的な意見が錯綜し混乱状態にあるのが現状である。

そこで「青年編」では、春充が辿った足跡を綿密にトレースすることにより、「中心力」とは一体どのような運動原理なのか、なぜ心身をトータルに改造することができるのかを明らかにすることを主眼としている。

続く「壮年編」では、このトータルに改造された肉体と頭脳を持って、実社会に雄飛し陸海軍をはじめ、政治界、実業界、教育界、医学界、宗教界などに幅広い人脈を作り上げ活躍する様を見る。その人脈の中には、時の宰相　大隈重信（一八三八〜一九二二）、元連合艦隊司令長官　東郷平八郎（一八四七〜一九三四）、実業家　大倉孫兵衛（一八四三〜一九二一）、東北学院大学創立者　押川方義（一八四九〜一九二八）、医学博士　二木健三（一八七三〜一九六六）、社会主義者　幸徳秋水（一八七一〜一九一一）、国民的作家　中里介山（一八八五〜一九四四）など錚々たる人物の顔ぶれがみられる。さらに、昭和天皇（一九〇一〜一九八九）とも謁見し、辛亥革命を終えたばかりの孫文（一八六六〜一九二五）にも面会している。またこのような名士ばかりでなく、現在では完全に埋もれてしまってはいるが優れた人間性を持つ興味深い人々とも交流しており、春充との関わりの中で彼らの生き様、言動にも光をあてていきたい。

このような人々と交流を持つ一方、「強健術」も様々な改良を施され進化発展していく。そうした中、無心に「強健術」を修練していた大正十二年六月に「身体の正中心点と精神の正中心点が完全に合致統一」するという体験をする。この時より、「強健術」は大きく変容し、春充はこの身体と精神の正中心の合致を「聖中心」と呼ぶようになる。また、春充はこの時より観念的操作によらず、純粋に肉体を操作することにより精神を支配出来るようになる。身体を操作することにより、禅などにいういわゆる「無念無想」の境地が自在に現出するようになるのである。春充はここで、禅の姿勢と「強健術」の正中心を整えた姿勢が同一であることを確認する。春充のこの境地は、「壮年編」の後半に登場する、臨済禅と曹洞禅を双修し、五百年不世出の傑僧と言われた飯田欓隠（一八六三～一九三七）老師にも認められ、「強健術」は「動的禅」であると称賛される。

最後の「晩年編」は、昭和初年ころより本格化した春充の国士的活動を中心にその境地と思想の深まりを見て行く。

同時に、「強健術」を行う程健康ではない病弱者のために春充が完成させた「天真療法」についてもその発想の原点からさかのぼり、原理、方法を春充が辿ってきた道程を考察することにより、実際の姿を明らかにしていく。春充がこの天真療法を最終的に完成させたのは、春充に全幅の信頼を置いて自ら病の身を任せた妻孝子の献身があったからであり、この間の事情も春充の国士的活動と共に詳細に見て行く。

また、春充の国士的、政治的活動に大きな影響を与えているのが、春充が師と仰ぐ押川方義であり、彼の思想、政治的信念を知ること無しに春充の活動を理解することは出来ない。さらに、キリスト教者でもある押川の活動の原点にあるのが「武士道的基督教」であり、このキリスト教的立場も現在では全くと言って良いほど知られていないので、押川を含め武士道的基督者達の足跡をやや詳細に辿ることにしたい。

このような思想的背景をもとに春充の国士的活動は、満州事変、日華事変、大東亜戦争の勃発に伴い本格化する。そして春充の国士的活動の盟友ともいうべき存在の一人が、大川周明（一八八六～一九五七）である。戦後、極東軍事裁判で民間人として唯一Ａ級戦犯とされた大川の名を聞き、いぶかる読者もいるかもしれない。しかし、春充はこの大川、そして満州事変の首謀者とされる石原莞爾（一八八九～一九四九）等と共に、日本軍の南京陥落を阻止しようと活動し、さらにその後日米戦を回避する対米工作を行っているのである。それぱかりでなく、春充は日本共産党中央委員であった佐野学（一八九二～一九五三）の転向にも深く関わっている。

先に触れたように、春充は社会主義者幸徳秋水等とも交流があった。このように、右翼、左翼の代表的イデオローグ達と分け隔てなく、あるいは自由自在ともいえる交流を通して春充が目指した地点を浮き彫りにし、左右双方の思想を理解し交流した春充の視点を通して、この時代を逆照射していきたい。

しかし春充のこのような活動にも関わらず、日本は戦争に突入していく。そして、日本の敗戦を見通した春充は、昭和十九年二月、東条英機（一八八四～一九四八）に「終戦勧告」を送り、自決する覚悟決めるが、紙一重のところで死を思いとどまる。

こうした国士的活動を行っていた間も、春充は、「強健術」の鍛錬は欠かさずその境地は、前人未到とも言うべき地点にまで達していた。春充は、正中心姿勢を整えると日常どこでも、いつでも涅槃にも等しい清明境に入ることができるようになっていたのである。また、日常生活そのものが、「強健術」となり清明境となって、特別な鍛錬をする必要すらなくなってしまう。春充はそれを「玄妙即常凡」等の言葉に表したが、仏教で言うところの「煩悩即菩提」の境地と言っても良いかも知れない。

自決を思いとどまった春充は、そのような境地から見た真理を後世に残すことを使命とし、それより深夜連続の体験的研究に打ち込むようになる。春充は、その研究を「宇宙大学」と呼んだが、この研究の過程で驚異的な能力を獲得する。それらの中にはいわゆる超能力とでも呼べる能力もみられるが、春充はこれらの能力は決して不可思議なものでは無く、どこまでも合理的なものであると主張する。そして、獲得した能力の果てに感得した人類の未来に春充は絶望し、四十九日間の水も採らない断食の末にこの世を去る。

「晩年編」では春充が獲得したこれらの能力について様々な視点より考察し、確かにそれらは春充の主張のように合理的なものであり、春充の開発した「強健術」の身体操作法つまり「中心力」により人間の能力が拡張されたものであることを解明していく。近年マインドフルネス瞑想法と称して、テーラワーダ仏教に伝わるヴィパッサナー瞑想法が注目され、日本に伝わる禅、或いはチベット密教に伝わる各瞑想法などが、脳生理学等の成果から新たな光を当てられ再評価されている。一方「強健術」は、これらの瞑想法とは全く違ったアプローチで、精神を支配する。仏教の瞑想は、多かれ少なかれ観念を用いるが、「強健術」は観念を一切用いることなく肉体的操作のみで、精神あるいは脳そのものをコントロールするのがその最大の特徴である。このような点に注目して春充の獲得した能力を考察し、心身ともに病み、疲弊している現代人にマインドフルネスとは違ったアプローチで、それと同等かそれ以上の効果をもたらし、さらに人間の能力を拡張させる可能性が「強健術」にはあることを、サヴァン症候群や共感覚などのキーワードを通して論じる。

さて、ここまで簡潔に見てきた春充の業績を見るとこれらはある種、天才のなせる業ともいえる。しかし、どのような天才も思想も唐突に出現するものではない。必ずその人格、思想に影響を与えた先駆者、先駆的な思想が存在する。この点を見逃すと、徒にその人物、思想を神格化、神秘化してしまいその本質を見極めることができなくなる。

肥田春充も、その創始した「強健術」も例外ではない。彼の人格、思想形成に多大な影響を与えた多くの人物が存在する。中でも父方の祖父、父、兄の三人は春充の生涯に、決定的と言ってもいい程の影響を与えている。彼等の存在を無視して、春充の生涯、思想、強健術を語ることはできない。

これより春充の人生を俯瞰するにあたって、まずこの三人の生涯を眺めることから出発したい。

なお、今回 引用文はすべて現代語訳にし、その文の初出の本を（ ）内に表記した。春充が使用した明治・大正期の文語文は、現代人にはすでに古語である。今回は何よりも、読みやすさを最優先にして、筆者の責任において現代語にし、学問的正確さにはこだわらなかった。

また、参考文献・サイト等は最終巻（晩年編）巻末にまとめ、文中の人物の敬称は省略した。

最後にこの書を、筋萎縮性側索硬化症（ＡＬＳ）と戦い今年六月に生涯を閉じた、父 故酒井嘉右《よしすけ》に心からの感謝を込めて捧げる。

令和元年八月二十日　筆者 識

聖中心伝　肥田春充の生涯と強健術　青年編

目次

序　3

第一章　幼年時代　19

第三章　学生時代と強健術の変化　203

第四章 軍隊時代 277

第一章　幼年時代

1　祖父　大林敷充

春充の父方にあたる川合家の祖先は豊臣秀吉の家臣谷氏であり、大阪城落城後、長州周防三田尻（佐波郡西浦村、現 防府市西浦）に定住した。

祖父にあたる大林敷充《おおばやしのぶみち》は海蔵醍醐寺（現 覚苑寺）の寺侍であった。また、春充の述懐によれば、武芸の師範であり、毛利重就《しげなり》（一七二五～一七八九　長州藩第七代藩主）の創始した、撫育方《ぶいくかた》をも勤めていた。

撫育方とは、宝暦十一年から十三年（一七六一～一七六四）にかけて行われた長州藩の検地により五万一千六百石程の増収があったが、これを藩の財政には繰り入れず別会計として蓄え運用し、干拓、塩田の開発、炭鉱の増産、港湾整備、製糖業の育成等に利用したものである。この財源は後に、幕末の長州の重要な活動資金となったともいう。敷充の住んだ三田尻もこの撫育方によって開発された塩田が広がり、瀬戸内屈指の塩業地域として栄えていた。

敷充は、一子文禮《ふみのり》をもうけた先妻と死別した後、後妻ゆりを迎え第二子孝禮《たかのり》を天保十四（一八四三）年に授かる。この孝禮が、春充の父立玄《はるつね》である。

祖父敷充は、難波一甫流の武道の達人、剣術、柔術、薙刀、槍術、棒術、鎖鎌、弓術、馬術、忍術の免許皆伝者であり、武者修行のため、前後三回諸国の武芸者を訪ねた。

その武芸の境地は海蔵醍醐寺住職　霖龍如沢《りんりゅうじょたく》（一八〇三～一八八三）より禅の悟境と一致しているとの認

可を受ける程のものであった。この辺りは、後に春充の強健術の境地を飯田檮隠《とういん》老師より「動的禅」と評されたのと一脈通じ興味深いものがある。

因みに、絵画「慈母観音」で有名な狩野芳崖《かのうほうがい》（一八二八～一八八八）は、霖龍如沢和尚より禅を学び、「禅の極致は法に入りて、法の外（法外）に出ること」という和尚の言葉を授かり、音が通じる雅号「芳崖」を名乗るようになったと言われる。

敷充は武術に打ち込む余り家財、土地、持船まで武芸に次ぎ込み家計を顧みることはなかったという。当時武士たるものは、金銭に触れることすら卑しいこととされていたので、敷充も金銭、家計については一切頓着しなかったものと思われる。

2　父　川合立玄

この一家の苦境を長男文禮は、医師となり助けた。一方、孝禮は、五歳の時鞍馬流の薙刀を敷充より習い、七歳にして和漢の書に親しむ神童であったというが、若くして家政を助ける兄の姿を見て同様に医術を志し、僅か七歳にして医術修行の旅に出る。

主に蘭学、西洋医術を学ぶのが目的であり、長州の名医　神代恭伯《こうじろきょうはく》（生没年不明）の元で三年学びさらに全国行脚を志す。当時は、「往来手形」がないと旅は不可能であったため、知人の和尚に「捨往来」（身分は証明するが、万一の時には責任を持たないという手形）を書いてもらい、尾道の医師　彭城魯堂《さかきろどう》（生没年不明）を訪ねる。しかし、身元保証人がいないと断られたので、「拳骨和尚」「今弁慶」として有名な物外《もつがい》和尚（武田物外一七九五～一八六七）に保証人になってもらい、彭城家で三年間医術を学ぶ。物外和尚は、曹洞禅の奥義に達し、儒教も修め、武術は、剣術、槍術、馬術、鎖鎌、等に通じ、不僊流という柔術の開祖でもある。また怪力の持ち主として知られ、その力は二百五十人力と評されていた。そんな

晩年の川合立玄（出典：基督の心 79 号）

怪力の逸話として、碁盤の裏に拳骨を入れたらへこんでしまったとか、重さ百貫（約三百八十kg）もある大釣鐘を持ち上げ軽々と持ち運んだなどという話がある。また、新撰組の近藤勇が突き出した長槍を、二個の木椀で挟み込み、近藤が引いても、押しても少しも動かすことができなかったという話もある豪僧であった。

その後、備中、神戸、大阪、京都を遍歴し江戸へと向かう。この間、嘉永六（一八五三）年にペリーが浦賀に来航して開国を迫り、日本は騒然となった。そのような世相の中孝禮が江戸より帰路に就こうとすると、東海道の調べ、ことに長州出身者は厳しいと聴き及び東海道をたどることを断念。甲州街道を経由し、安政四年（一八五七年）大月に到着する。孝禮はこの時数え年で十五歳となっていた。

大月では医師　安藤玄中《あんどうげんちゅう》（生没年不明）の家に滞在するが、余りにも年が若いので年齢を聞かれると、故郷の兄の年を借り二十三歳と答えていたと言う。ここ安藤家で、たちまち名医の名を高くし、やがて真木村（現　大月市真木）の名主達の要望により真木村において、弱冠十五歳という驚くべき若さで独立開業する。

翌安政五年（一八五八年）、井伊直弼が大老となり日米修好通商条約に調印。安政の大獄が始まる。この年、全国にコレラが流行。西洋医学を修めていた孝禮は、村人の症状よりただちに「虎列刺（コレラ）病」と診断し昼夜を分かたずに治療に専念、多くの命を救った。後に孝禮は村人より「虎列刺（コレラ）の名付け親」と呼ばれるようになる。

この年の六月、孝禮は、叶屋安三郎《かのうややすさぶろう》（生没年不明）の娘、お清（二十七歳）と結婚している。

3　祖父敷充の死と愛神堂医院開業

一方、父敷充は長男文禮の病死と、孝禮からのたよりをきっかけに、孝禮の元へと長州の郷里を出立する。しかし途中の信州佐久郡高野町にて発病し、その地で没する。孝禮も、敷充が旅先で倒れたとの報に接し、急ぎ高野町を目指したのであるが、わずか数時間の差でその死に目に会うことはかなわなかった。文久元年（一八六一年）孝禮十九歳のことである。

この頃長州藩は過激な尊王攘夷論を掲げていたが、二年後の文久三年（一八六三年）五月には馬関で外国船を砲撃し、その報復攻撃により大打撃を受け、同年八月十八日の政変で京都より追放されるなど藩危急存亡の秋にあった。

故郷長州がそのような状況にある中、孝禮の身辺でも父敷充の死、兄文禮の病死、最初の妻お清の自殺と不幸が続く。孝禮は、これをきっかけに一切の縁故を断ち、再出発する決意を固める。

こうして最初の開業地真木村を惜しまれつつ出立し、元治元年

愛神堂医院と両親（出典：基督の心 191）

（一八六四年）三月、小沼村（現西桂町小沼）に医院を開業、「愛神堂医院」と名づける。また、自身も改名し大林孝禮改め、川合立玄《はるつね》と名乗るのである。この年故郷であった長州は、七月に禁門の変で敗退。長州藩追討の勅命が発せられ、賊軍となってしまうのであった。

「愛神堂医院」を開業した元治元年（一八六四年）には小沼村に疱瘡が流行し、村民の四分の一が死亡するという大被害に見舞われたが、ここでも立玄は西洋医術を駆使し、彼の手にかかった患者は一人も死亡しなかったという。

4　禅僧千野東逸との出会い

ここで、立玄の非凡な人柄を表す逸話を紹介したい。「愛神堂医院」を開業した年に、立玄は診察先の家で、船津村（現　山梨県南都留郡南河口湖町）広大山円通寺（臨済宗）住職千野東逸《ちのとういつ》（生没年月不詳）という禅僧と出会う。

東逸は、「死んだ者に引導を渡すだけではなく、生きて病んだ者も救いたい」との思いから、『傷寒六書』等を独学で学び、東洋医学の妙諦を獲得したという。

この家で、立玄が患者を診て薬を調合しようとしていると、そこへ上がり込んできた東逸が、「成ると成らぬは目元で知れる。見るに及ばない」と、患者の舌と脈を軽く見ただけで病気の診断を下した。東逸は、患者を一目見るだけで、病を見抜く境地に達していたのである。そして、立玄が蘭方医であると知ると、次のような問答をしかけてきた。

東逸「西洋家では、空気がどうのこうのと言うが、空気とは、どんなものですか」
立玄「酸素、炭素、水素、窒素の四元素から成り立っているものです」
東逸「それは話だ。その空気を取ってお渡しなさい」
立玄「さぁ、お取りなさい」

と言ったかと思うと、立玄は手で、東逸の差し伸べた手のひらを、したたかに打った。

すると、東逸は、立玄の顔をつくづく眺め、

「あなたはお医者様だ。わしは、お医者様に初めて会った」

とわずか十九歳の若者の言動に驚き感心したという。


東逸は臨在宗の僧でもあるので、医療について禅問答を仕掛けたのであるが、並みの禅僧でも遠く及ばない、その機をとらえた当意即妙の答に立玄の境地の深さを見て驚嘆したのであろう。そして、理論ばかりではなく実学として生きた医学を体現している立玄を真の「お医者様」と認めたのである。

これがきっかけとなり、二人は親友となりお互いの医学の知識を研鑽しあうようになる。そして、東逸和尚が東洋医学を用いて診断する内容と、立玄の西洋医学による診断は、いつも符節を合わせたように一致していたという。

5　二度目の結婚と天野海三

翌慶應元年（一八六五年）立玄は二人目の女性と結婚し、六月に男子を授かる。この子は友之助《とものすけ》と名づけられ、後に豊次《とよじ》と改名する。彼が川合家の長男となるのであるが、何故かこの母の名は伝わっていない。しかも、その素行がよろしくなかったため離縁され、豊次は立玄が引きとり養育することとなったという。一体どのような事情があったのか具体的なことは不明である。この件に関しては、唯一の記録である川合信水著『回想記』にも多くのことは語られてはいない。

ここにまた、立玄の名医としての面目躍如たるエピソードを紹介したい。長男豊次誕生の翌年慶応二年（一八六六年）の話である。

当時隣村である境村に天野海三《あまのかいぞう》（生没年不明）という者がいた。彼は安政年間に品川沖のお台場の築造を請け負った一人であり、豪壮な邸宅を構え近辺でその名を知らぬものはいない富豪であった。その彼が自身と家族を託するに足る名医を得たいと思い、仮病を装って多くの医師を試すことを計画した。海三を診察した医師達は誰もが病名をこじつけ、薬を調合してその場をごまかしていたのであるが、立玄は診察すると言下に「無病」と断じその場を辞して帰ろうとした。その物腰、人物に感じ入った海三は慌てて引きとめ、厚い待遇で立玄を迎え入れたという。

このように立玄の診断は、先の東逸和尚と同様、神技ともいうべき境地に達しており、その診断の基礎には膨大な西洋医術の知識があったことは勿論であるが、それまでの臨床的な多くの経験から直観的に病人の容体がわかるようになっていたと言う。彼の診断は百発百中であり、死ぬと診断された病人で生き残った者は一人もいなかった。

この診断の妙境も、後に春充が「天真療法」と名づけた療法において、直接患者に会わなくともその身近な人々の簡単な報告のみで病状、原因、対処法が、あたかも鏡に物を映すように判明したことと相通ずるものがあり大変興味深い。

6　三度目の結婚

立玄は、天野海造の侍医となり屋敷に滞在していたが、ここで春充の母となるお律《りつ》と結婚することとなる。お律は小沼村宮下《みやした》彌兵衛《やへえ》（生没年不明）とその妻女ませの次女であり、後につねと改名する。二人が結婚したのは、慶應二年（一八六六年）十二月のことであり、新郎十四歳、新婦十八歳であった。

翌慶応三年（一八六七年）、立玄は境村を辞する決意をする。詳細は不明であるが、当事立玄を深く理解した元遠州掛川藩士林《はやし》策之進《さくのしん》が後漢書の「枳棘《ききょく》は鸞鳳《らんぽう》の住む所に非ず」（鸞鳥や鳳凰のような良い鳥は、からたちやいばらの生えているような場所を棲家とはしないことから、優れた人物は住む場所を選ぶ）という言葉を引用した手紙を立玄に送っているところから、境村は立玄にふさわしい場所ではなかったようである。

こうして立玄は再び小沼村に戻り、十一月十七日につねとの始めての子供である信水が誕生する。この年の十月には徳川慶喜が大政

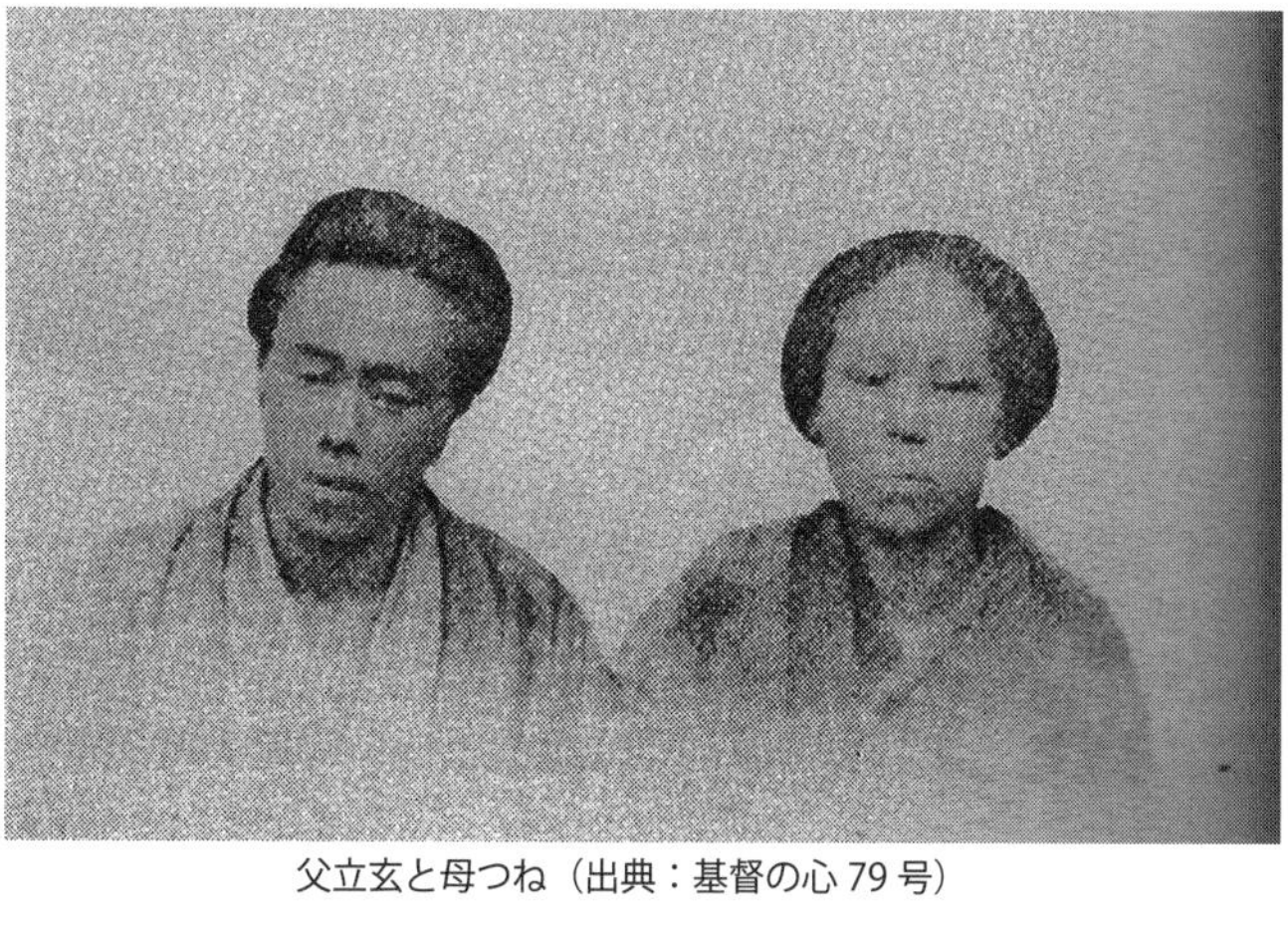

父立玄と母つね（出典：基督の心 79 号）

奉還によって将軍職を辞し、十二月には王政復古の大号令が宣告され江戸時代から明治へと大きく世が変わる。信水は、そんな年に生を受けたのであった。

7　兄　川合信水

川合信水《しんすい》（一八六七〜一九六二　幼名房之助《ふさのすけ》　雅号山月《さんげつ》）は生涯に渡って春充に多大な影響を与えたばかりではなく、最大の理解者でもあった。信水の存在がなければ、春充の強健術、思想は存在しえなかったと言っても過言ではない。

また、信水は宗教者として天稟のものがあり、その境地は仏教、基督教等の一流の宗教家からも一目置かれるほど深いものであった。信水の信仰は基督教を基礎としているが、その基督教も今日一般に理解されているような救いを主としたものではなく、武士道的、儒教的に理解された極めて日本的なものである。この武士道的基督教は、現在ほとんど顧みられることもなく忘れ去られている存在であるが、明治日本が近代西欧を受け入れる一つの要素として看過することができないものであり、かつこの武士道的基督教を伝えた宗教者達は信水、春充両兄弟に多大な影響を与えているので後に詳しく見てみたい。

左より信水四歳、立玄二十九歳、豊治六歳（出典：基督の心 191）

信水はその宗教的悟境を後に「基督心宗」立宗として開花させるが、その内容は春充の思想と同様、膨大かつ深遠なものでとても筆者のよく著すところではない。今回は、春充に影響を与えた部分を主に取り上げ、その生涯と思想の概要を辿ることとしたい。

8　信水の名の由来

父立玄はつねとの初めての子供を、医師にしようと考えた。そこには、わが子の名前にこめられた次のような話がある。

若き立玄が諸国の名医を巡り歩いていた当時、蘭学の本は高価であり医師が秘蔵して中々目にすることができなかった。そこで立玄は、皆が寝静まった真夜中こっそり借り出してほぼ徹夜でそれ等を筆写した。その書は、イギリスの名医リチャード・リース（Richard Reece　生没年不明）の本を高野長英が翻訳したものであった。また、その後ドイツの医師フーフェランド（Christoph Wilhelm Hufeland　一七六二～一八三六）、とイギリスの医師ホブソン(Benjamin Hobson　一八一六～一八七三　中国名　合信 he xin ホォーシン)の著作に出会いこれらを書写することにより、立玄は医学について大いに悟るところがあった。立玄は次のように記している。

私は始め高野長英の翻訳による、リカルト・ローセ（リチャード・リース）の『居家備用』および『水質論』など十六巻を書写し、これらの書物によって概要を得て、次にフヘランド（フーフェランド）氏の『五十年経験遺訓』によって大いに医学に悟る所があった。さらに合信(ホブソン)氏の『五部書』によって、大悟徹底したのである。(完全の道　第六号　回想記)

そこで、立玄は尊敬する名医のようになってもらいたいとの希望から子供の名前に、合信の字を入れ川合信水と名づけたのである。また、病院の名前である「愛神堂医院」の「愛神」も、ホブソンの「合信」にちなんだものと考えられる。

9　読書について

さてこの父の苦学体験は、信水と春充の二人の生き様に大きな影響を与える。立玄の読書に対する態度はこの経験から大変厳しいものであった。二度と目にすることができないかもしれない書を、家人が目を覚ますまで大急ぎでしかも眠気と闘いながら写したため、その書き写しは方々墨で書いたり消したりしてあった。わずか十二歳の少年が命懸けといってもいいこの写本によって写しえた本の中には、先の引用文にも登場した高野長英が翻訳した医学書で立玄の写本でしか現存していないものまで含まれていたと言う。

立玄はそのような写本の中から、著者の精神を己の中に写し実行するということをおのずから身につけた。信水は父の逸話と、その墨に汚れた写本を見せられ、本を身読するという習慣を強く意識するようになった。

彼は父と同じく早熟で、六歳にして『釈迦一代記』を、十二歳で『通俗三国志』を漢文で読みこなした。そして、その文中に現れている偉人、英雄の精神が自らの心の中に入るようにしていこうと心がけたのである。とりわけ『三国志』中の英雄には強く引かれ、中でも関羽雲長の義人としての行いに深く感動した。そして自らもかくなろうと『天尊関公』と書いた石を裏庭に安置し、裏庭に出るたびに「関羽のごとき義人となろう」と決意を新たにした。その結果、卑怯なこと、卑しい事、狡いことが嫌いになり、たとえ死ぬようなことがあっても義を通す決心がついたという。

この読書態度は春充にも引き継がれた。次のような話がある。

春充が十三歳の頃である。父立玄は『水滸伝』と『通俗三国志』を春充に買い与えた。兄信水を夢中にさせた本である。春充も吸い寄せられるようにむさぼり読んだ。そんなある日父は春充に、

「どのような気持ちで読んでいるか?」と尋ねた。

春充は、

「面白くて読んでいる」

と答えた。内心得意であった。人は勉強とか読書を嫌々ながらやる、それを面白く興味を持ってやっていると答えるのだからほめられるだろうと期待した。

ところが父はたちまち失望の色を顔に浮かべ、

「そんなことじゃ駄目だ。読んだ所のものを、身につけ、これを実行するのでなければ、読書した甲斐はない」

と、噛んで吐き出すように言った。

これを恥じた春充は、その後、書を精読するだけではなく、実践し、活用し、その本の中で少しでも見習うべき点がある人物の長所は自ら行うようになった。後に五百冊近い体育、武術に関する書を読破しそれらから独自の強健術を生み出した春充の原点はこのようなところにもあるのかもしれない。

10　武士道と義侠心

信水、春充兄弟には長州武士の血が流れている。

父立玄が長州三田尻にいた頃、各家は文武の修養に怠りなく、家々に読書の声、道場に掛け声、竹刀の音を聞かない所は無い程であった。ところが、蘭学を求めて各国を巡り歩くと、太平の世を謳歌する緩《ゆる》みきった空気は世に満ちており、長州の緊迫した空気に比べるとまるで眠っているようであった。江戸も例外ではなかったという。

二度にわたる幕府の征長戦に長州藩が勝ちぬいたことを立玄は、

「長州藩が天下を敵として恐れず、奮戦して勝利を得たその遠因は、実に平生無事の時における修養によるものである」

と、回想している。

このような長州武士の姿を目の当たりにした父の躾けは殊の外厳格であった。

春充は言う、

「生まれつき気性が強く信念を曲げない、大胆にして、しかもほれぼれするような男伊達で慈愛深い、いつでもきちんと整っていて姿勢を正しくし、これまで形を崩したのを見たことがない。普段はごく穏やかで優しい物の言い方であるが、一度不正卑劣のことに出会うと、大喝一声百の雷が落ちたかのよう

に叱りつけ、どんな者でも恐れひれ伏した」（聖中心道肥田式強健術）

また、少しでも卑劣なことをすると立玄は子供達の首根っこを押さえて、

「こんな卑劣な真似をすると、大きくなって打ち首になるぞ！」

と力まかせに、首のあたりを叩いたという。

さらに、油断や過ちがあると「武士の不覚」と言い、「不覚者っ!!」と、立玄が怒鳴ると家中がビリビリするほどであった。

また、当時は膳箱で一人ひとり食事をとっていたが、そんな時に立玄が怒ると、膳箱を庭に放り投げ、茶碗がことごとく壊れてしまったという話もある。

先に立玄は祖父敷充より鞍馬流の薙刀を学んだと記したが、春充は父は武術をやらなかったと回想している。しかしその態度、姿勢、眼光は、百練千磨の達人のそれであって、寸分の隙もなかったという。そのような父の薫陶を受け、自然に信水、春充兄弟は節義を重んじる武士道の精神を深くその身につけていった。

さらに信水は、「強きを挫き弱きを扶ける」任侠の風を好むようになった。

一度約束を結んだならば、どのような不利な立場に立っても決してその言葉を翻すことなく、必ず約束を果たす。たとえ相手がどのように巨大であっても、ひるむことなく己の義を通して立ち向かう。そのような信水の元には、彼を慕って自然と若者が集まり、ここに西桂村初の青年団が誕生することになる。

また、隣接する谷村町に遊郭を設置するという話が持ち上がると、信水は敢然と反対を唱え、山梨日日新

聞にその意見を投稿するなど、多くの賛成論者を向こうに廻し孤軍奮闘した。このことから信水に反対する者達が、なんらかの危害を加えるかもしれないとの風評が起こり、谷村町に近づくのは危険だとの忠告を受けるようになった。

信水はこれを聞くと、

「それは面白い」

と一言つぶやき、太い熊柳の棒を杖に悠々と谷村町に出かけていったと言う。

この任侠の風も春充に色濃く伝わる。後にも詳しく触れることになるが、清水次郎長や国定忠治等の侠客を描いた講談本を読んだことが、強健に志すきっかけの一つとなっているのである。またそこには身近に存在する兄の、胸のすくような任侠的振舞いがあり、それに虚弱であった春充が強い憧れを抱いたであろうことも想像に難くない。

さらに春充は強健になった後、不正、暴虐の事を目にするとほとんど衝動的に身を挺して弱者を助けに行き、敵を徹底的に打ち砕かない限りは決して背中を見せることはなかった。時にはあまりにも過激すぎるため、かえって父や兄が心配する程であったと言う。

この傾向は春充の生涯を通じて一つの基調となる。後に強健術や天真療法を編み出し、身を挺して国事に奔走するようになったのも武士道の義を重んずる心と、挫強扶弱の任侠の風から生まれ出たものと言えよう。

11　母　つね

このような厳格な父を支える母つねは、慈愛に富んだ勤勉な女性であった。愛神堂医院には毎日多くの患者が訪れたが、つねはその応接を引き受け、忙しい時には薬局の手伝いもした。しかも家事すべてを使用人を雇うこともなく一人で行い、幼い子供達を養育した。さらに苦しい家計を助けるため、蚕を飼い繭を採って、その糸から家族の着物まで織ったという。信水はそんな母が真夜中にそっと起きて、蚕に桑の葉をやっているのを何度か目撃したそうである。

また信水が本好きなのを知ると、自分の髪結い代をひそかに貯めて本を買い与えてくれた。そのようにして夜も昼も働き続ける母を見て村人達は、三人分の仕事をすると言って驚きの目を見張ったという。

しかし母は、そのような姿を人に見られるのを好まなかった。子供を連れて隣の谷村町まで行くのにもわざわざ人通り

左より信水十五歳、藤吉十一歳、立玄四十歳、梅野一歳、つね三十四歳、菊野四歳、真永七歳（出典：基督の心 191）

の少ない裏道を通っていくほどの謹み深い女性であった。このような母の姿から、信水も春充も陰徳を積み、己の功績を誇らない態度を学んでいった。また、大変同情心が深く、他人の不幸を悲しむこと、自分の不幸を悲しむような心根のやさしい女性でもあったという。

蘭学を修めた名医である父と、慈愛に満ちた母、そして多くの子供に恵まれたこの幸福な家庭を村人は羨み、古着の切れ端を貰ってそれで守り袋を作ったほどであった。

12　春充の誕生

明治十六年（一八八三年）十二月二十五日、春充はこの幸せな家庭の五男として生を受ける。兄信水が十六歳の時である。父立玄は四十一歳、母つね三十五の高齢出産であった。

春充は、生まれつき身体が虚弱であった。これは一人春充だけではなく、家族全員が虚弱であったという。春充の体躯は痩せ細り、骨と皮ばかりであった。二の腕の力瘤の部分の太さと、手首の太さが同一であったというからいかに痩せ細っていたかがわかる。また、脂肪分がまったくなく皮膚もカサカサに荒れ、心配した両親は全身にオリーブ油を塗ったこともあるという。

小沼村では、各家で風呂を焚いて他家の人々が代わるがわる入りに行き、語り興ずるのが習わしであった。しかし春充はみじめな体を他人に見られることを嫌い、いつも逃げ隠れして風呂に入らないことが数日も続き、垢にまみれた体を気持ち悪く我慢することが多かったという。

そのような春充を村の子供達は、すすきの穂がヒョロヒョロと立つようでもあり、棒のようにも細いので「茅棒《かやぼう》」というあだ名で呼び、からかった。

このような結果として性格も陰気で憂鬱となり、男の子らしく外で声をあげて遊ぶ元気も意気地もなくなった。始終家に引きこもり、少し寒ければ炬燵にかじりつき、ちょっと叱られるとすぐに涙ぐむ有様であった。

そんな様子を後に立玄は、

「お前は弱虫で直ぐ泣くから、子供の中で一番叱られなかった」

と、語ったという。

また、性格が陰気になったのと同時に外見も女子のようであり、来客が両親に
「この子は、一体男の子であるか、女の子であるか?」

と聞くことはしょっちゅうであった。さらに、体重が軽いので隣家の娘達は面白がって春充を背負い歩いたという。

春充は、ここで外見が女子のようであったことを虚弱のためであると回想しているが、事実はそればかりではなく、春充、信水兄弟は元来美少年で、幼い時見た目はどちらも女子のようであったのである。

次のような話がある。兄信水が幼い時は可愛らしくまるで人形のようであり、母つねは屏風の前に信水を置き、「まるでお雛様のようだー!」と喜んでいたという。

左より藤吉、春充、立玄、真永、信水（出典：実験簡易強健術）

また、春充同様他村の人々は信水を見ると、

「美しいお嬢さん」

と挨拶をするので、そのたびに両親は、

「男の子です」

と説明をしなければならなかったほどであった。

さらに信水が成長すると、美少年として近所の若い女性の注目の的になった。心配した立玄は滝沢馬琴の『近世説美少年禄』という本を借りてきて読ませた。そこには主人公の容貌が美しいために堕落していく様が書かれている。これを読んだ信水は、

「いかに親でも、自分をこんなに見くびっているのか」

と悔しくてたまらず決してこのようになるまいと心に決めたのであった。

春充も、兄同様長じてからも外見は美青年であったので「顔を見ると女じゃが…」などといわれ、とても無骨な強健術を教授する人物とは見えずその普及に苦労したという。

13　母の病気と弟の死

そんな村人が羨むほど幸せな川合家に、突如暗雲が垂れ込めてくる。春充が数え年六歳（明治二十一年一八八八年）の時である。

この年の一月に春充の弟、美宗《よしむね》が生まれる。母つねは四十歳、信水は二十一歳になっていた。ところが産後の肥立ちがよくなく、つねは床から起き上がることができなくなった。立玄は母の様子を見て、

「今度はどうも難しい」

と言葉少なげにつぶやくのみであった。そして、

「乳を飲ませると母の体がもたない」

というので、信水が母に代わり美宗のめんどうを見た。昼は懐に抱いて庭を歩き、夜には粉ミルクを溶かして、泣けばそれを飲ませる。そればかりか、母の看病とそれまで母が一手に引き受けていた食事、洗濯、裁縫等の家事をまでこなしたのである。

しかし、信水の努力も虚しく、なんと母より先に生まれたばかりの美宗が、その年の九月に息を引き取ってしまう。病床に臥せっていた母の驚きと嘆きは深かった。

「自分が乳を飲ませなかったために、こんなことになってしまった。赦《ゆる》しておくれ」

と小さな棺桶にすがって泣き続けたという。

14　春充の二度の危篤

それに続き今度は、春充が重症の麻疹《はしか》にかかり倒れる。そして、肺炎と百日咳も併発し、さらに激烈な下痢を伴った。四十度近い熱を出し、下痢が止まらない。たちまち春充は衰弱し、医師は、

「もう助けようがない」

と、両親に危篤を告げた。

ちょうど旧暦の盂蘭盆会の頃である。

つい最近一児を失い深い悲しみに沈む両親は、春充の枕元で、

「せめてはもう三、四日、盆の過ぎるまででも生かしたい、そうしたら今年一個の新盆をしないで済むから」

と、祈る思いでつぶやいた。

祈りが通じたのか、幸い盆が過ぎると下痢は止まったが、食欲が全く湧かない。絶食状態が続き、再びみるみる春充は骨と皮ばかりとなっていった。

そんな春充を診察した医師は、

「今度こそいよいよ駄目だ」

と、二度目の危篤を宣告したほど重篤な状態であった。

そんな時、立玄の車引きをしていた清吉《せいきち》という者がこれを心配し、どじょうを裂いて蒲焼にして持って来

た。

それを、

「おどじょうの蒲焼」

と言って、小さくむしった一切れを春充の口の前に差し出したところが、何の気なしに春充は一口食べた。それから重湯を飲むようになり、春充は二度の死の淵から奇跡的に助かったのである。この時のことがよほどうれしかったのだろう。立玄は後に清吉どんの手つきまでまねして、当時のことを春充に語ったという。

15 姉 梅野の死

春充の病が癒えて喜んだのもつかの間、次に春充の二つ年上（満七歳）の姉梅野《うめの》が病に倒れる。母が病に臥せって春充が元気だった頃、まだ遊びざかりであった春充は母の大病が理解できず枕元を跳んで歩き、安静を破り勝ちであった。それを心配した梅野は、自分から学校に申し出て入ったばかりの小学校を休み、朝食が済むと一日中外に春充を連れて行き遊ばせた。ちょうど、八月から九月にかけての暑い盛りである。真夏の強い日差しにあたり過ぎたのであろうか、子供ながら母と弟に精神を使いすぎて神経をすり減らしたのであろうか、十月になると梅野は脳膜炎にかかりあっけなく死んでしまう。母親が苦労しているのを見て、

「わちは大きくなって女教師《じょきょうち》になって、おっかちゃんに楽ちてもらう」

と語り母を喜ばせた優しく親思いな娘であった。

春充が元気になったことを喜び、病状が一時的に良くなっていた母は、娘の死にがっくり力を落とし益々痩せ衰え病状はさらに深刻になっていくのであった。

16　母の死

その年の十二月になると母の病状は益々悪くなった。

そんな暮れのある日、母は信水を枕元に呼んだ。死期を悟った彼女は、病気で弱った体をかろうじて起こして床の上に座りなおすと、

「おまえと藤吉《とうきち》（次兄　満十八歳）とは安心だけれども、他の子供が小さくて気にかかる」

と言った。

信水は、何の成算もなかったが、母に何とか安心してもらいたいと思い、

「弟や妹の教育は私が引き受けますから、どうぞ御安心なさってください」

と答えた。これを聞くと、

「お前がそういう心がけならば安心です」

と、母は少し安堵した様子だった。

それからしばらくして母は、六歳の春充に菓子を与え枕元に坐らせると、

「春充、おつ母《かッ》ちゃんが死んでもいいか？」

と聞いた。

しかし、幼い春充は訳がわからぬように、隣に座る信水の顔を見るばかりで黙っている。

母はもう一度同じことを春充に質問した。

すると、春充は泣きそうな顔で、

「いやだ！」

と答えた。それを聞くと母は、

「大人しくしなさい。お兄さんのいうことよく聞くのですよ」

と力なく春充に言い聞かせるのであった。

信水は、藤吉と交代で徹夜の看病を続け、何とかその年を越すことはできた。

しかし看病の甲斐も空しく、翌明治二十二（一八八九）年二月十八日に母はついに息を引き取ってしまうのである。

その前日から父玄立と信水、藤吉は、危篤の母の枕もとにそろって看病をしていた。

日が改まった午前一時ころ、不意に立玄が寝ている母に、

「つね…！」

と呼びかけた。

母は細く目を開けるとそのまま静かにまぶたを閉じた。

「今、息が絶えた…」

父がそうつぶやくと、信水と藤吉は一度に声をたてて泣きだした。

この時信水は悲しみのあまり胸がふさがり、息をすることができなくなった。あえぐように、

「ああ、苦しい背中を叩いて！」

と叫ぶと、藤吉は右手で兄の背中を叩き、左手で自分の涙をぬぐって泣いた。

その時、隣家の鶏が時の声を上げた。信水はそれ以来母との死別を思い起こしてしまうので、鶏の声を聞くことを非常に嫌うようになったとのことである。

その後、信水は春充に母と最後の別れをさせようと抱きかかえ母の顔をのぞかせた。しかし幼い春充は母が眠っているものと思いすぐに視線を他へ向けると、信水の手を離れて室内を歩き始めた。そうして、しばらく歩いているうちにようやく母の死に気づき、火がついたように泣き始めなかなか泣き止むことがなかったという。

17　藤吉と義兄豊次の死

母の葬儀が済むと今度は、看病疲れのため信水と藤吉が寝込んでしまった。そしてその年の六月に信水より若く、元気であったはずの藤吉が、十八歳の若さで先立ってしまう。

さらに続いて、信水とは腹違いの兄豊次が胃腸病をこじらせ九月に二十五歳で死亡してしまうのである。

こうして、川合家は明治二十一年から二十二年のわずか一年あまりの間に、母をはじめ五人の棺を立て続けに出すという悲劇に見舞われたのである。後に残されたのは、父立玄（四十六歳）、長兄信水（二十二歳）、三兄真永《しんえい》（十五歳）、次姉菊野《きくの》（十二歳）、そして春充（六歳）の五人であった。

18　信水の基督教入信

かろうじて生き残った信水は、母、兄弟、妹の死に衝撃を受け、自殺を考えるまで追い詰められる。しかし母にした約束を思い起こし自殺を思い止まるが、多感な彼は、この現実をどのように捉えればよいのか深刻に思い悩む。

一体死とはなんであろうか？母や兄弟姉妹はどうなってしまったのか？　身体が滅んでも魂は残るというが、それは本当であろうか？　来世があるという者もいるが、はたして存在するのであろうか？　世の中には、我が家のように善行を行って不幸続出のものもいるが、反対に悪行の限りを尽くして栄華を誇るものもいる。はたして善因善果、悪因悪果とされている天の道は、正しいのであろうか、それとも誤っているのであろうか？これら霊魂の有無、来世の存否、善悪の応報という三つの問題は信水の心を捉えて離さず、彼は煩悶し続けた。

信水は当時手に入る限りの書を読み、これらの疑問を解こうとした。中でも『聖書』の言葉は、どこか彼の心の琴線に触れるものがあった。しかし、当時は教会もなく、牧師も伝道師もいなかったので自然独学となった。

ここで彼は、これまでに身につけてきた書を身読する方法を実践する。すなわち、毎日二行か、三行か数行ずつ読み、その中で感じたところを実行したのである。このようにして『新約聖書』一巻を読むのに一年あまりを費やしたという。肉親の不幸をきっかけに、生死の問題に突き当たり、身をもって聖書を実行し体験した態度は、信水のその後の信仰の原点となる。

ここで一つ注目しておきたいことがある。それは、川合家に『聖書』があったことである。当時は、江戸時代より続くキリスト教禁止制がヨーロッパ諸国の抗議により解除されてからわずかに十数年しかたっておらず、キリスト教そのものがこのような田舎では珍しかった。このような事情の中、信水が読んだ聖書は、父立玄が蘭学を学んだ際どこかで入手したものと思われる。立玄が聖書を手にした理由の一つは、恐らく彼が尊敬していたC・W・フーフェランド、ベンジャミン・ホブソンの医療が基督教の思想を基礎としたものであったからと考えられる。フーフェランドの思想は、基督教そのものというよりそれから影響を受けたカント、ゲーテ等の影響が大きいが、ホブソンは医療宣教師として二十年近く、中国で医療と宣教に従事したのである。

また、立玄が開業した医院の名前が「愛神堂医院」であることも立玄が基督教を意識していたことをうかがわせる。もしこの医院の名前にある〝神〟が日本の神道でいうところ〝神〟であったならその前に〝愛〟の文字ではなく〝敬〟あるいは、〝崇〟等の字がつくはずである。〝愛〟という字を使用したことは基督教の影響が十分に考えられる。立玄自身は、洗礼を受けた正式な基督教徒ではなかったが、基督教的考えを色濃く持っていたのではないだろうか。蘭学を学ぶ際にも、語学を学ぶ際にも聖書は重要なものとなる。立玄が蘭学を学ぶ一助として、聖書を持っていた可能性は十分ある。もしそうだとしたら、信水、春充兄弟は、当時の一般の日本人より濃厚な基督教的環境で育ったことが考えられ、信水の入信もこの環境に少なからぬ影響を受けた可能性がある。

しかし、信水は簡単に基督教徒にはならなかった。当時、山梨の片田舎である小沼村にも、基督教の伝道師が布教に来ており、信水をしきりに勧誘したが、考えるところがあり信徒となることはなかったという。

その後にメソジスト派の宣教師がこの村を訪れたが、村人は基督教を嫌いこの伝道師が歩いていると石を投げたり、わざと議論を吹きかけたりして嫌がらせをした。それを見た信水は、持ち前の義侠心が頭をもたげ、その伝道師と一緒に歩いて彼を保護した。すると、誰もはばかって石を投げない。信水はただその伝道師が気の毒であったからこのような行為をしたのであり、別段信徒になる気はさらさらなかった。

当時信水は家族の世話を一手に引き受け、身動きがとれず、将来の見通しの立たない生活をしていた。地元の新聞に廃娼運動の論陣を張り、青年団のまとめ役であった信水である。そんな彼は、一地方の改革ばかりでなく、日本の現状、ことに政治界の堕落腐敗を憂い、「日本精神界の改革」を志していた。志を立て、雄飛したい気持ちはあるが、母との約束を守り、兄弟の面倒を見て学校に通わせなければならない。田舎に引きこもり働き口を探しても役場の書記くらいは務まるかもしれないが、その給料ではとても兄弟を学校に行かせることはできない。彼はこの理想と現実の板ばさみに、心身ともに疲弊しきっていた。

「こんな状態で生きているのは、蛇の生殺しと同じである。こんな弱った精神で生きているのは面白くない」

彼は考えた。

「それならばいっそ、進んで洗礼を受け基督教徒となって、世間からの迫害の困難を加えて生きるか死ぬか試してみよう。それで死ぬくらいならば、むしろ死んでしまおう。もしそれで生きていることができるものならば、天下に何事かをなすことができるであろう」

このように結論した彼は、ついに明治二十三（一八九〇）年八月に洗礼を受け、小沼村初めての基督教者となるのである。

一種捨て身であり、死を覚悟した入信であったが、これが宗教家、教育家として後世多くの人々に影響を与え、「基督心宗」の開祖となる信水の始まりであった。

後に信水は肉親との不幸な死別が、人生の真意義を悟らせ、新しい人生を歩ませるきっかけとなり、決して単なる偶然などではなく、そこには深い摂理が働いているものであることを明らかに悟ったという。

同様に母の死をにわかには理解できなかった幼い春充の心にも、母と兄弟の死は拭い去ることのできない刻印を残し、強健術を編み出す強い動機のひとつとなっている。また、自己治癒力を最大限に引き出す「天真療法」を発案するに至った動機のひとつも、この骨肉との死別の記憶だったのである。

19　巌本善治との邂逅

信水が基督教徒になったその八月に、廃娼運動の演説に巌本善治《いわもとよしはる》（一八六三〜一九四二）が勝沼にやって来るとの話が舞い込んできた。

巌本善治とは、明治の女性解放運動の先駆者であり、雑誌『女學雑誌』を刊行し「明治女學校」を経営するなどして女性の啓蒙につとめた基督教者である。彼の刊行した『女學雑誌』は、徳富蘇峰の刊行する『国民の友』と並んで当時のインテリ必読雑誌の一翼を担っていた。また、『女學雑誌』に連載された勝海舟の談話を巌本がまとめた『海舟先生談話』は、後に『海舟余波』と改題して刊行され、その後岩波文庫に収録されて現在でも手にすることができる。

巌本善治（出典：岩本善治　共栄社刊）

勝沼に公演に来た当時、巌本は弱冠二十五歳ながら既にその教育家、経営者、文筆家としての名声は響き渡っていた。彼は公演に来る四ヶ月前に「東京廃娼会」を結成し、その運動の一環として山梨に足を伸ばしたのであった。

この時の巌本と信水の運命的な出会いを、信水の実子である川合道雄が信水の談話をもとに生き生きと描いているので次に引用したい。

―その頃、勝沼で山梨県下のキリスト教有志が主宰となって廃娼運動の演説会が催された時のこと、その講師として招かれていたのが巌本善治氏であった。いうまでもなく当時巌本氏といえば、その純粋なキリスト教的信仰をもとにした最も進歩的な婦人教育者の第一人者として名望は四辺に響いている。この講演会の通知は西桂村小沼在住の山月子（信水　著者注）の自宅にも届けられたのである。無論当時の山月子はいまだ一個寒村の埋もれ木に過ぎなかったわけだが、時折文章を草して山梨日日新聞に投稿したり、また郡内では開闢以来始めてという基督者でもあったところから多少県下にその名を知られていたものだろう。さて、翌土曜日の朝、山月子は折り悪く降りしきる雨中、合羽姿に草鞋ばきといういでたちで三ツ峠山腹の坂道を越えて初狩へ出、さらに笹子峠三里を超えてやっと勝沼に着き、ただちにその日の演説会へ出席してみると、民家の大広間を開け放った会場もすでに満員、傍聴者八百人を超えるという盛会である。山月子は同行の友人分部氏と共に静かに後方に座をとると壇上の人に眼をやった。見事な鬚髯、一語一語が胸底に響くような力強い声音、聴衆の魂を一つに吸い込むかと思われるように時折輝く底深い眼光、山月子はその姿にじっと眼をそそぎながら片言隻句も聞き洩らすまいと耳を傾けていた。が、同時にこの田舎青年の尋常ならざる風態面魂は公演者の鋭い眼光にも一早く止まっていたのである。後年巌本氏はその場の情景を追想して令息荘民氏に二度三度と語ったという。

「…その時、演談の上で見ていたら、たくさんの聴衆の中で一人だけ際立って見える青年がいた。その青年が演説会が終わって後、一人の連れを伴って挨拶に来たが、それが川合君だった」と。余程鮮明な印象として氏の脳裡に刻まれていたものであろう。

—先刻から会場を押し包むように降りしきっている雨は衰えを見せるどころか、益々雨勢を強めてゆくように思われた。しかし会が果ててほっと我に帰った聴衆は初めて気づいたもののように烈しい雨脚に打たれながら帰路についた。翌日は引き続き甲府教会でも同氏の説教が予定されていた。無論その頃鉄道の便はない。勝沼での演説会を終えるや巖本氏は山月子と共に唯一の交通機関たる馬車に同乗すると、雨中直ちに勝沼を発ってちょうど「大水が出る」と大騒ぎの最中、甲府に入った。もうその時は同行の分部氏すら「あまり雨が降るので家の方が心配だ」とここから引き返してしまった程一面の豪雨だった。

だが、この時甲府では市内に一軒しかない西洋料理店長養亭で巖本氏の招待晩餐会が催されたのである。しかも最遠方から出席した山月子はその意味で特に巖本氏の隣席を提供され、初めて両者の間に打ちとけた話が交わされたのだった。

「—あなたは何時洗礼を受けられましたか」

巖本氏のそんな問いから始まって、やがて山月子はわずか一ヶ年の中に母親以下四人の兄弟妹に死別した人知れぬ苦悩から基督の教えを信ずるに至った経過を語ったが、その一語一語に沈痛な面持でうなずきながら聞き入っていた巖本氏の眼にも何時か光るものが宿っていた。やがて巖本氏は思い出したようにフト顔を上げると、

「もう宿は決められましたか」

「――いいえ、まだです」

「それでは私と一緒にお泊りなさい」

その宿の名は望仙閣といった。巌本氏はわざわざ自室の隣室を山月子のためにとると、今度は自分から訪れて来て夜の更けるまで語った。（川合山月と明治の文学者達）

その時信水は、次のように自身の胸の内を語ったという。

「自分は元来、人を愛し国を愛する心が土台にありそこから日本の政治界の人々をよく見ているが、みな不品行で節操のない者ばかりである。だから日本国の改革には、キリスト教のような立派な宗教を信じ、信じるばかりでなしにそれを人格に修めて、日常の行動でもって善くしていくような人が、どうしてもいなければならぬと思う」（基督の心　第一九一集）

この若者の直情かつ熱意あふれる言葉を聞くと、

――「そのうち東京へ出ておいでになれるよう、私がなんとでもしてお世話しますから」

やがて巌本氏は真情を面にあらわしてこう言葉を結んだ。

「有難うございます」

山月子にとってもまずその志を行う第一歩は今となっては東京以外にはない筈、しかも上京にはまたとない好機といえよう。山月子がこの親切な言葉に心から礼を述べたのは無論だったが、「お頼みします」という依頼の言葉は決して口にしなかったという。無論いこ地な虚勢や負け惜しみからではない。その胸中に鬱勃とみなぎっている遠大な志に対する強い自負心がそれを許さなかったからだ。「日本精神の改革」、青年山月子の脳裡を占めているのは唯この一事の他になかったのだ。

「…私は今の世の中をなんとかして改革したいと、それのみを考えております。しかもそれが自分にはできると信じているのですが、今の境遇を考えるとこのままではそれもなりません―実に自分で自分を惜しむのです」

上京の斡旋を依頼するどころか、その自信が思わず強い口調で口に出た。だが、巌本氏も人物である。受け取りようによっては誇大妄想ともとれようこの青年の臆面もない言葉の裡にまぎれもなく潜む烈しい熱意と純粋不屈の精神とをすでに驚異の念をもって看破していた。ますますこの青年を田舎に埋らすべきではない。

「私ができるだけ骨を折りますから、失望せずに待っていらっしゃい」

巌本氏は再び熱心に同じ言葉をくり返したが、山月子の答えはやはり「有難うございます」と静かに頭を下げるのみであった。

―自分は一人の義人である。もし眼前の巌本氏が同じ一個の義人なら自分を世に出すため奔走するのは当然だ。万一これが口先だけの話なら結局この場限りで何の世話もせぬことだろう―山月子の心中にはそう信じて疑わぬ確信があった。翌日、甲府教会に礼拝説教に赴く巌本氏と旅館を出て相並んで行く途上、また同様の会話がくり返されたが、ついに山月子の口から「お頼みします」という一語だけは述べられぬまま終わった。…

しかし、間もなく帰京した巌本氏は女學雑誌社友櫻井精作《さくらいせいさく》(方寸《ほうすん》)氏に対ってしみじみと述懐したという。

「甲州でいい青年に会って来た。一方の大将になる器だ」（川合山月と明治の文学者達他）

こうして、信水はわずか四歳年上ながら社会的地位、人望、精神とも傑出した巌本善治という得がたい人物に見出される。巌本は、常に隠れた人材を発見してこれを世に紹介する眼識を備えていた。彼によって世に出た人物の中には、島崎藤村（一八七二～一九四三）、北村透谷（一八六八～一八九四）、山路愛山《やまじあいざん》（一八六四～一九一七）など近代文学に大きな足跡を残す文人達がいる。また、『女學雑誌』を足がかりにして世に出た人物として星野天知《ほしのてんち》（一八六二～一九五〇）、内田魯庵《うちだろあん》（一八六八～一九二九）、石橋忍月《いしばしにんげつ》（一八六五～一九二六）、岩野泡鳴《いわのほうめい》（一八七三～一九二〇）、磯貝雲峰《いそがいうんぽう》（一八六五～一八九七）、櫻井鷗村《さくらいおうそん》（一八七二～一九二九）、青柳有美（一八七三～一九四五）らがある。さらに「明治女學校」は、羽仁もと子（一八七三～一九五七）、相馬黒光《そうまこっこう》（一八七六～一九五五）、山室機恵子《やまむろきえこ》（一八七四～一九一六）、大塚楠緒子《おおつかなおこ》（一八七五～一九一〇）、野上弥生子《のがみやえこ》（一八八五～一九八五）など多彩な人物を世に送り出している。

信水は巌本と出会った翌月、明治二十三（一八九〇）年九月に上京し巌本の経営する女學雑誌社に入社する。こうして、捨て身の洗礼を受けてからわずか数ヶ月の間に信水の運命は急速に開け、図らずも世に雄飛する足がかりを得ることになる。ここにおいて、信水は前述の人物達ばかりでなく、文学方面では、戸川《とがわ》残花《ざんか》（一八五六～一九二四）、平田禿木《ひらたとくぼく》（一八七三～一九四三）、戸川秋骨《とがわしゅうこつ》（一八七〇～一九三九）、徳富《とくとみ》蘇峰《そほう》（一八六三～一九五七）、徳富蘆花《とくとみろか》（一八六八～一九二七）、三宅雪嶺《みやけせつれい》（一八六〇～一九四五）、宗教界では、後に春充ともども大きな影響を受ける松村介石《まつむらかいせき》（一八五九～一九三九）、押川方義《おしかわまさよし》（一八四九～一九二八）、救世軍の山室軍平《やまむろぐんぺい》（一八七二～一九四〇）、岡山孤児院を創立した石井十次《いしいじゅうじ》（一八六五～一九一四）、教育方面では瀧の川学園創立者石井亮一《いしいりょういち》（一八六七～一九三七）、政界では憲政党代議士斎藤宇一朗《さいとううういちろう》（一八六六～一九二六）等と相知ることとなりその交友関係は、後の春充の人脈へとつながることになる。信水の巖本との邂逅がなければ後年の春充の幅広い人脈と活躍の場は有り得なかったとも言えるだろう。

信水は晩年富士吉田市の不二山荘と名づけた山荘に居を構えるが、その一角には巖本善治に捧げられた謝恩の碑が今でも建っている。そこには、

「巖本善治先生
　山村の我を東都に招きたる
　　先知の恩義いかで忘れん」
（巖本善治先生、山村の私を東京に招いて下さった、
　人に先んじて私を見い出していただいた恩義は決して忘れない）

と刻まれている。

巖本は、明治三十七（一九〇四）年に「明治女學校」の校長を辞し、『女學雑誌』もこの年に終わりを告げる。後の巖本は、ブラジル移民を扱う移民会社を設立し、ブラジルコーヒーを直輸入する会社カフェ・パウリスタの取締役、日活の取締役などを歴任し実業家として後半生を送ることになる。そして、晩年にはキリスト教からも離れてしまう。

このような巖本の後半生を世人はとかく悪く評価しがちであったが、信水は決して恩義を忘れることはな

かった。信水が巖本の名を口にする時は、公演説教といった公的な場はもとより、雑談の端においてさへ必ず「先生」と敬称をつけて呼んだという。

巖本善治と押川方義に捧げられた記念碑
（筆者撮影）

20　小学校時代の春充

信水が上京した明治二十三（一八九〇）年の十月に三兄真永が、十一月に次姉菊野が谷村基督教講義所で受洗する。そして春充も翌年明治二十四（一八九一）年三月十一日に洗礼を受ける。この時真永は十七歳、菊野は十四歳、春充は八歳であった。真永、菊野はともかく、わずか八歳の春充に基督教がどれほど理解されていたかは不明だが、この三人の入信に本人の意思よりも信水の影響が大きかったことは十分に見て取ることができる。

入信したこの年、春充はいまだ小学校には通学していなかったふしがある。恐らく、生来の虚弱に加え葬儀等による慌しさと、金銭的困難により小学校入学は見送られていたものと考えられる。春充が就学年齢満六歳に達したその年に母つねが他界しており、信水が巌本に見出されて上京するのは、さらに春充が満七歳になる翌年のことである。

上京後の信水にとって、常に頭を離れなかったのは亡き母にも誓ったこの弟妹三人の教育と病身の老父に対する孝養とであった。しかし女學雑誌社の月給は激務にもかかわらず五円である。当時正岡子規（二十四歳、信水二十三歳）が、日本新聞社に入社してその月給が十五円であった。また、信水が上京する三年前には、東京の下宿料が一ヶ月平均三円五十銭から四円に値上がりしたばかりである。

そのような苦しい家計の中、信水は一家東京転住を図ったり、妹を奨学金のついた甲府の女学校に入れてみたりしたがすべては失敗している。また、春充だけは上京させ、東京の学校に入れようと計画したこともあった。これは、春充が洗礼を受けた翌年十歳（数え年）の時のことである。興味深いことに、このときの失敗の原因の捉え方が信水と春充では微妙に食い違っている。以下二人の文を引用して比較してみたい。信水はこの事態を次のように述懐している。

—先づ一番末の弟の春充を一緒に連れて来て東京で学校へ入れることにしようと思い、郷里に帰って父と相談をしてそのことを決めまして、十八（数え年　著者注）になる弟真永と二人で、春充を連れて出掛けたのであります。当時は汽車が新橋までしか無く、中央線は無論ありませんから、御殿場まで私の家から八里余り歩くのです。私と真永と二人で、春充を背負って八里の道を籠坂峠という富士の横の峠を越して御殿場に出ることになりました。それからまあ東京へ連れて行くのですから、「動物園に獅子がいる、虎がいる」などということを話したりしましたので、春充は私の背中におぶさっていて「真永ちゃんも東京へ連れて行って獅子を見せるとええ」などと言って喜んでいました。そうした所が、御殿場に着いた時には、もう「家に帰る」と言い出しました。これには非常に困却致しました。その頃の日記にちょっと書いたのがありまして、自分の非常に悲しかった心持などが映っておりますからちょっと読んでみましょうと思いますが、

（中略）停車場に着いた時は、しきりに家に帰りたいと言う。泣いてばかりいる顔を見れば哀れに思え

て堪えられぬまま、停車場の待合室内で、おごそかに祈祷し、静かに熟考して「幼い弟を連れていけないのは神の御心である。東京で一人今いっそう智と徳とをみがくことが神の御心であろう」というようなことを思った。そしてその事を、真永に語り、さらに私の今後の決心を話し、春充の将来の心得について話し合った。胸の気持ちがあふれ出て、真永は涙を流しハンカチを濡らした。私も悲しみに堪えることが難しかったが、人がまわりにいるのでかろうじて聖書に目をそそいで涙をこらえた。ただ見る目が、少しも聖書になかったのは是非もない次第である。長いこと待ったが汽車はまだ来ない。真永は、足が痛むというので別れを告げて春充の手を引いて旅宿に向かう。凍えるような寒風が雪を吹き込んで来る。私は、静かに見送った。しょんぼりとして去る二人の弟の後ろ姿は、いかに憐れに、いかに寂しく見えただろうか。私の胸の中は涙であふれんばかり、仰ぎ見れば落日は富士山にまさに没しようとして、山頂の雲は薄暗く雪が降っている。むごさを感じる風景に、鉄の腸も寸断される思いである。ああ、母上がもし生きて家にいらっしゃったならば、この苦しく哀しい思いを共にすることは無かっただろう。震えるほど寒かったので、再び待合室に入って思いをこらして黙祷した。やがて時は来て、切符を買い汽車に乗った。日は沈んで、寒さは耐えられないほどである。しかし、心の寒さは体の感じる寒さの何倍も増している。物寂しさがきわまり、席の隅で目を閉じて無言、心を静めて不動のままでいると汽車は新橋に到着した。そこから人力車に乗って、女学雑誌社に帰社した。時間は、ちょうど午後十一時であった。（基督の心　故肥田春充先生祈念号　第21輯）

一方、春充は次のように回想する。

私が十二歳の頃、長兄が私を、東都の学校に入れるとて、御殿場まで連れて行って、そこから汽車に乗せると言う都合であったが、ちょうど夕方で四辺はもう薄暗くなって来る。みぞれはチラチラ舞っている。待合室の隅の方では、一人の男が、憐れっぽい慄《ふる》え声で新聞を読んでいる。私は急に心細くなって、『兄さんは弱いから、東京で死んでしまうと困る』と言って、とうとう再び家に帰ったことがある。（聖中心道肥田式強健術）

春充は十二歳の頃と回想しているが、実際は数え年十歳のことである。兄は弟の悲しみから今はその時期にあらずと判断し、弟は兄の身体を心配しての別れであった。後に信水はこの時のことを春充より聞き及び次ぎのように感想を漏らしている。

私は斯《しばら》く宗教の方面で深く骨折っていったのでありますが、弟の方は、まず第一に家族の者多くが死んでしまって、あとから聞いてみましたら、あの御殿場から泣いて帰った時も「兄さんは体が弱いから死ぬかと思った」と申していましたが、そういうふうにして、その生死の問題から健康問題ということを考えた。（基督の心　第21輯）

このように、家族の死から信水は精神的方面に関心を深め、春充は健康問題に関心が向かった。だから、同じ問題に出会っても信水は精神の修養問題と捉え、春充は幼時の肉親との死別という強烈な体験から健康問題、生死の問題と捉えてしまうと分析する。このようなところにも二人の方向性の違いが浮き彫りになっていて興味深いものがある。

21　押川方義との邂逅

この春充上京未遂事件のあった明治二十五（一八九二）年三月に、信水は過労により著しく体調を崩したので一時帰郷していたのであった。その帰り際に春充を上京させようと考えたのである。

こうして信水は、再び女學雑誌社で激務をこなすのであるが、締め切りの日になると深夜二時、三時まで仕事をするという無理がたたり体調はさらに悪くなる一方であった。そんな信水に家族急病の知らせが届き、急ぎ故郷に戻ることとなる。春充を上京させようとした月からわずか三ヶ月後の六月のことである。帰郷した信水は、家族全員が半病人となっており、食事もままならず、家計も危機に瀕している現状に愕然とする。

ここで再び信水は、苦境にたたされたのであった。女學雑誌社の仕事では家族を養うこともままならない。帰郷しても自分を生かす仕事はない。さらに自身の身体すらも病に冒され明日をも知れない状態である。進退窮まった信水は、この時も自ら苦難の道を選択した。

25 歳の信水（出典：基督の心 191）

彼はそれまで独自の基督教修養により様々な体験をし、その心境の進歩には目を見張るものがあった。そして折に触れてその悟境を『女學雑誌』に発表していたのであるが、その内容は当時の基督教者達の注目するところとなった。これを巌本善治は、

「義をもって人を動かそうと東京に出て来た烈火のような若者が、キリストの聖愛に感じて、熱涙に咽《むせ》ぶ心に霊変して行く心情を書き留《と》めたもの」（月見草）

と、賞賛している。

また、病の身ではあったが、武士道を尊ぶ信水は無為にただ病気を治療することを好まなかった。彼の心中には、南北朝時代の武将　楠　正行《くすのきまさつら》が畳の上で死ぬことを潔しとせず、圧倒的不利な四条畷《しじょうなわて》の戦いに散った故事があった。

こうして信水は、このまま衰弱して死ぬよりも、日本全土を巡回して自分の体得した基督教を説き、その途上に斃《たお》れその行為によって少しでも日本を良くしたいとの決意を固める。信水は、またもや捨て身の覚悟を決意するのである。

その後、恩師巌本善治にこの決意を話し快諾を得た上、旅費の援助も取りつけることができた。ところが出発準備を進めていた九月下旬、女學雑誌社に書評を求めて松村介石《まつむらかいせき》著『保羅之伝』（警醒社書店発行）という本が送られて来た。この書には、基督教徒の迫害者であったパウロがダマスコ途上で、直接キリストより言葉を掛けられ光に打たれた後目が見えなくなるという神秘体験を経て改心し、その後三年間アラビアに引き籠もり修行したという逸話が書かれていた。著者松村介石はこの三年間の修養こそがパウロを、

一八〇〇年後の我々に愛慕、畏敬の念を抱かせる人物となしたと断定している。

これを読んだ信水は、

「自分のような幼稚な人間が、今立つなどということは恐れ多い。せめて三年間はパウロと同じように、
隠れて道を学んでいこう」

と感じる。

また、「道を学ぶにあたっては日本第一の人物につきたい」とも考えた。こうして様々な人物に尋ねたところ基督教界の大人物には、西に同志社大学の新島襄があり、東に東北学院大学の押川方義《おしかわまさよし》があるという。しかし新島襄はすでに亡くなっていたので、仙台の東北学院におもむき押川方義に学ぶ決意を固めたのであった。

押川方義（一八四九〜一九二八）とは、日本最初期のプロテスタント信者の一人であり、日本初のプロテスタント教会「日本基督公会（横浜公会）」を設立、その後新潟、仙台等に伝道し後の東北学院となる仙台神学校を創立した人物である。その活動範囲は宗教界にとどまらず、教育界、実業界、政治界と多岐に渡り、そのスケールの大きさ故に生前より毀誉褒貶が激しく、いまだにその人物、活動の全貌が明らかになっていない。

交友関係においても、宗教界では巌本善治（一八六三〜一九四二）、松村介石（一八五九〜一九三九）、新島襄（一八四三〜一八九〇）内村鑑三（一八六一〜一九三〇）、植村正久《うえむらまさひさ》（一八五八〜一九二五）、本多《ほんだ》庸一《よういち》（一八四八〜一九一二）等、日本の初期基督教界を代表する人物達、実業界では渋沢栄一（一八四〇〜

一九三二）、大倉喜八郎（一八三七～一九二八）等、政治界では大隈重信（一八三八～一九二二）、伊藤博文（一八四一～一九〇九）、山縣有朋（一八三八～一九二二）等錚々たる面々が名を連ねその活動の広さを物語っている。

さらに押川は、後の春充に絶大な影響を与えた人物であり春充が師と仰ぐ数少ない人物の一人である。また、槍術の達人であり、第二次長州征伐（慶応元年　一八六五年）にわずか十五歳にして参戦し、実戦も経験している。そのような押川は、春充の考案した強健術改訂の大きなきっかけを与えることにもなる。さらに、雄弁家としても知られ、その独特の雄弁スタイルは春充の考案した中心力雄弁術に多大な影響を与えている。その他政治活動、対外政策では、春充も押川と共同で事にあたり、押川亡き後はその政治理念を引き継ぎ活動している。春充の強健術、壮年期から晩年にかけての政治活動の原点は押川にあり、押川を理解することなしに、春充を理解することはできない。

また押川の信仰の境地は、信水も春充も驚愕するほどのものであり、その基底には武士道が存在している。春充は、押川のことを次のように評する。

実際、絶世の大人傑押川方義先生のような方がいらっしゃる。先生が国家を憂い、同胞を愛する赤誠の美しさは、その剛健な肉体とあいまって、私はいつも恍惚として最極美であると心中に絶叫せざるを得ないのである。昔哲学者プラトンは、ソクラテスと時代を同じくして生まれたことを天に向かって感謝したということであるが、私もまた同じ感謝を捧げる者である。千金のこの身体をチリやゴミのように

なげうとうと心を許したのは、ただこの人あるのみ。(心身強健術)

今後、押川の存在は信水、春充の生涯に深く関り切っても切れない関係となるので、折に触れ押川について言及することになる。

東北学院学長時代の押川方義
(出典：聖雄　押川方義)

22　当時の春充

こうして信水は、明治二十六年（一八九三年）二月に東北学院の神学部（邦語）学生として押川門下生となる。

当時、春充は十一歳（数え年）で小学生であったはずであるが、文献的に年代が正確に確認できるのは明治二十八年（一八九五年、春充　数え十三歳）から明治三十一年（一八九八年、春充　数え十六歳）の四年間に小沼小学校に在籍したという事実のみである。

これは春充の教諭であった田辺丙太郎の述回に基づくがその中で田辺は、校庭の片隅で友を故意に避け、一人思いにふける春充を見るにつけ、その前途を思い悲しみの情を禁ずることができなかったという。

春充自身は、その著の中で、

「小学校八年の課程も、病気がち欠席がちで、気分が沈みふさぐ中に淋しくいやいやながら行った。友人達と離れて一人、寝たり、起きたりブラブラしているうちに、二年、三年の月日は矢のように流れ去った。」

（聖中心道肥田式強健術）

と述べている。

当時尋常小学校は、下等、高等の二つに別れ、下等小学は六歳から九歳までの四年、高等小学は十歳から十三歳までの四年を原則としていた。

すると、はっきりしている春充の小学校在籍期間は、たとえ満年齢（十二歳から十五歳）としても遅すぎる。このずれは、以前考察したように、小学校入学が二年程見送られていたためであろうか。そうすると、春充の小学校在籍期間は、明治二十四年（数え年九歳）から明治三十一年（数え年十六歳）ということになるが、はっきりしたことは不明である。

実は、小学校卒業、中学入学に関しては春充の記述が錯綜していて正確に年代を決め難いところがある。春充の処女作『実験　簡易強健術』では、上京未遂事件を十二歳の時とし、十六，七歳の頃を小学校の課程を終えて中学校に進んでいた時としている。しかし、以降の著作『心身強健術』、『体格改造法』、『川合式強健術』等では同様の文を使用しているが、中学校進学についての記述は抜けている。そして、主著『聖中心道　肥田式強健術』では、中学入学をはっきりと明治三十五年（一九〇二年）二十歳（数え年）のことと記しているのである。

ここでは、小学校入学を二年見送り、数え年九歳（明治二十四年）の時に入学し、八年後の数え年十六歳（明治三十一年）に卒業、中学校に入学するのはさらに四年後、数え年で二十歳(明治三十五年)のことと仮定する。すると小学校卒業後の二年程は、先の春充の言にもあったように「友人達と離れて一人、寝たり起きたりブラブラしている中に、二年、三年の月日は、矢の如くに、流れ去った」のであり、この期間春充は、病弱を理由に中学校進学を断念し、引き籠りの状態であったと考えられる。

当時の春充の写真が現存するが、その容貌は十歳前後の少年にしか見えず、とても十六歳の青年とは思えない。明らかに発育が悪かったことが見てとれる。

その間の自身の様子を春充は次のように振り返っている。

このような状態で、小学校は欠席勝ちでかろうじて卒業したけれども、中学校へは行くことができない。たえず寝床と薬瓶の香りとに親しみながら、精神も身体もますます萎縮するばかりであった。（講演及び随筆）

さて十六、七歳の頃は、青年がいわゆる『世界苦』を感じる時期であるから、ひ弱で繊細な私の思想は、ますます陰気で憂鬱になった。眠ることが出来ずに、暗黒の室内を一人ぶらぶらしたのも幾夜であったか！（実験 簡易強健術）

16歳の春充
（出典：強い身体を造る法）

この頃春充は、強度の神経衰弱に陥って不眠となっていたという。また、古代国家の滅亡の歴史、陰鬱な小説や悲哀を含む詩を読みふけり、やや長じては宗教の本等を読み漁った。ことに聖書は、そのよい所は暗記する程読み込んだという。

そして遂に、自殺に興味を覚え、古代の英雄ハンニバルが指輪の中に毒を入れて持ち歩き、それを服毒して死んだ故事にならい、父の薬局からモルヒネを持ち出し小瓶に入れて持ち歩くようにまでなる。さらに、近所を流れる桂川の滝つぼに飛び込み自殺をしようとまで思いつめるのであった。春充は当時の様子を次のように綴っている。

煩悶、苦悩、憂愁、絶望、焦躁、ついに耐えられなくなって、ある夕方私は決心して村人の恐れる桂川の激しい早瀬『お釜の口』の岸の上にたどって行った。忘れもしない。忘れることも出来ない。空はドンヨリと灰色によどんで、荒々しく雑木を渡る風の音、今にも荒れ出しそうな景色の中を、夕食を炊く煙が吹きちぎられて、暮れ行く夜の色にまぎれこんでしまう。月が倉見山の頂きから離れると、細かい雲が二筋、三筋と絡みつく。それまでは広い川幅であったが、急に岩と岩との間が三メートル～四メートルたらずに狭められて矢のように押し寄せて来た水は、百雷のとどろきとともに、一時に落下し奈落の底から沸き起こる白浪は妖魔の乱舞のように、暴れ馬が走り抜けるように、飛沫が雨のように吹いて衣を濡らした。岩角に腰を下ろして、ジイッと滝壺に見入っていると、水の底で高い澄み渡ったとても良い声で歌うのが聞こえる。私は、瀑布の魅力に依って死の恐怖が全く消えてしまった。自殺者の心理は、こんなになって飛び込むんだなー。思うと同時に、奥の座敷で読書されている老父の面影が目の前にチラついた。オオ、すまない。私は、危うくも水の誘惑を逃れて再び自分の書斎へ戻ったのであった。

（聖中心道肥田式強健術）

自殺を思いとどまった春充であるが、心身ともに虚弱なまま月日は流れ、いつしか十八歳の年を向かえていた。

第二章　強健への歩み

1　強健への志

春充の叙述によれば、数え年十八歳の春（明治三十三年　一九〇〇年）四月の中頃に、心身を改造し、強健を志す決心をする。

その動機はいくつかある。

まず春充がその処女作『実験　簡易強健術』に強調している動機は、今後社会人となり、老父と病身の兄とを支えるために、自身に掛かってくる社会的、経済的責任を、今の病弱な体では背負いきれないとの現実的な自覚である。同書に次のように春充は語っている。

その刺激というのは他でもない。私が私の前途ということを考えたことである。ああ、小学校を出て中学校へ来た私は、さらにこの中学校を終えてどこへ行こうとしているのか？このようなことは、今まで重みをもって考えた問題ではなかったのであるが、これは次第に世間的な色をおびてくる人にとって当然起こり来る問題である。そして私は今この問題に出会い愕然として驚き、目を見開いておののかざるを得なかった。ああ、これを考えて私自身の実際を思えば、悲しいかな、私の前途はただ闇である―亡者廃人にも似た者の落ちて行く所は、ただ『死の淵』があるばかりではないか！（実験 簡易強健術）

さらに、さらに私は、私の逝去した母を思い、また老いた父を思い、多病でありながら道のために戦う兄を思い来ては、勢い私の双肩に落ちてくるべき責任をも感じざるを得ない訳となって、この萎縮した少年の心に一大旋風は起こって来たのである。無限の苦痛、絶大の圧迫は、容赦なく少年の心を脅かして不安と恐怖は日夜に迫り来たのである。（実験 簡易強健術）

ただひそかに自己の責任を顧み、自己の前途を思う時、どうしてもこの身体を強健にして、どのような困難にも堪えられる人にならねばならぬと考えた。社会に出て活動し、また事あるにあたっては、強壮に成し得た一身を捧げて社会人道のために陣頭に立って戦わねばと思った。（実験 簡易強健術）

また二冊目の著作である『腹力体育法』にも、次のごとく述べている。

こうして兄は宗教に入ったのであるが私は、老いた父を思い、多病な兄を思ってさらに私の一家の将来に考えおよんだ時、どうしても自己の体躯を強健にして一家の責任を自ら負って絶たねばならぬと決心して、ついに専心体育に志すに至ったのである。（腹力体育法）

この動機は、処女作『実験　簡易強健術』及び次作『腹力体育法』にのみ見られるもので、その後の著作には見出されない。しかし、最も初期の二作に記されている動機、春充のひとつの根源的な本音として見過ごすことのできないものである。

これは、成人間近な十八歳の頃に恐らく初めて自覚した対社会的責任だった。それまで無条件に保護されるべき存在であったが、現実はその期間が有限で、父と兄の健康いかんでその状態もいつまで続くか保証はない。万一そのようになった場合、父兄に代わって自身が一家の責任を背負うこととなる。しかし、自らの身をも持て余している現状では、そのようなことは夢想に等しい。いささか気負った感もあるが、この現実に思い当たった春充は、まず不安を覚え、恐怖したのである。この社会的、実際的な自覚に対する恐怖が、強健を志す一つの大きな動因となったことは見逃せない。

また、病弱でありながら、黙々と家業を遂行し、道を究めていく父と兄の後姿は、春充に弱者に甘んじ、現実から逃避することを無言のうちに戒めていた。そして春充は、この問題を解決する唯一の方法が、自らが強健になることであると考えたのである。

この動機が、三冊目以降の著作になると、一家の責任を負うことへの自覚と恐怖から、虚弱な体と精神では、行き着く先は惨めな生涯か死しかないという煩悶と恐怖へと、重点が移動している。次に引用する文は、三作目の『心身強健術』以降に登場する文である。

けれども、次第に年を経るに従い、やや広い世間を認めるようになって、自分の社会的運命を考えた時、私は刃のような鋭い刺激を心に受けたのである。他でもない自分は、このちっぽけでか弱い身体をいだいて、どこに行き、また何をしようというのか？　いや、何事か成し得るのであろうかということである。

私は今、この問題に出会い愕然として驚き、目を見張って戦慄せざるを得なかった。こうして私は、私の周囲の人々を見ると小児の時に虚弱であった者は、成長した後も依然として虚弱である。少年時代の無気力者は、社会に出た後も多くは憐れな敗北者である。こういう一般的な事実を見て、再び自分自身の実際を顧みれば、悲しいことに私の前途はただ『暗黒の世界』である。亡者廃人にも似た者が落ちて行く所は、ただ『死の淵』があるばかりではないか！この苦痛と圧迫とは萎縮した私の心を日夜に容赦なく脅かしたのである。しかもこれらはみんな体躯が小さくか弱いことに原因する所なのだ

（心身強健術）

そして、主著『聖中心道肥田式強健術』では、さらに心理描写が詳細となり、当時の春充の気持ちが劇的に語られている。

アア、今日もまた暮れた。遅い春の夕暮れ、ヒバリの声も鳴きやんで窓の前の八重桜は夢のように咲き乱れている。（中略）私はひとりボンヤリと肘掛け窓によりそっていると、ただ思い切りがなく、ただ裏悲しく、ただもの淋しい思いにひたされてしまった。（中略）村はずれの神社の境内からボクボクと湧き出してくる水のような水は、混じり合い、ゆったりと窓の下をささやきながら流れている。ーオオ、こんなことしていてお前はこれからどこへ行くのか…私はフト、自分自身の将来の社会的運命について考え出した。そして目を見張って戦慄し、厳然として自ら責めた。

『オイ春充、こんなことをしていて貴様は一体どうするのだ。ちょっと寒ければ、風邪をひく。少し食べ過ぎれば、腹が痛む。下痢をする。散歩をすれば、息切れがする。寝れば悪夢にうなされ通し。こんなことで生きておった所が何になる。落ち行く先は、みじめな生涯か、お寺の土となるばかりだぞッ』この恐怖と自責とは、両刃の剣のように私の心臓を突き通した。萎縮した少年の胸にも、遂に自覚と刺激と発憤との一大旋風が巻き起こったのだ。あたりはいつしか真っ暗になって、窓下を流れる小川の水の音のみ絶え間ない音楽を奏でている。空には、いっぱい星が輝き出した。私は灯もつけず、いつまでも暗闇の中で釘づけされたように窓によりかかったまま身動きもしなかった。このことがあってから、無限の不安とあせりと、絶大の苦痛恐怖とは私のおびえきった胸を日夜容赦なく脅かしたのである。

（聖中心道肥田式強健術）

こうした絶望の中、春充の心を捉えた一群の書物があった。それは、宮本武蔵や国定忠治などの豪傑や任侠者の活躍を描いた講談本である。

当時、退屈にまかせて私は講談本を読み始めていたが、血湧き肉躍る勇士の活動は一方また私の心に強烈な感動を与えた。

宮本武蔵、荒木又右衛門、赤垣源蔵あんな豪傑になったらどんなに愉快だろうな。幡随院長兵衛、国定忠治、清水の次郎長らが、強暴な悪漢どもをピシピシやっつけて弱者を助けたという侠勇談は、堪らなく私の胸を煽り立った。感動の余り、涙がとめどなく流れて両頬をぬらしたことも何度であるか分からない。（聖中心道肥田式強健術）

春充をこれらの本が曳きつけた理由は他にも、自身の身体の虚弱、精神の弱さを自覚すればする程、こうした強者に対するあこがれと、同時に反感とが強まっていったアンビバレントな気持であったとも語っている。

私の性質は右のように女性的でイヂけてヒネくれていたが、それだけ力をもって人の後ろに落ちるのがくやしく、残念でならない。従って自分で自分の弱者である事を自覚すればする程、一種強者に対する反感は高まってくる。こういう事からして、私は侠客伝というものに非常な興味を持って来た。

（腹力体育法）

また、春充が任侠伝に感激し、強健を志す活きた動機は、父が村内の有力者に貧乏故にののしられ、多くの者達がそれに付和雷同する様子に義憤を感じたことにもよるという。

しかも私の父を悩ました心のよこしまな連中は、知者として崇められ、成功者として称へられ、富貴名誉のちまたに贅沢に気ままに遊んでいた。公平な愚論もまた彼らに賛同して私の父を評して曰く、「彼は馬鹿者である。金が無いからだ。教育など無意味である。見てみろ、家の便所に糞をたれる奴は一匹もいないではないか」と、この話を聞いてうなずかない者はいなかった。

私が侠客伝に感激した活きた動機はここにある。体育に志すことになった遠因もここにある。しばしば弱きを援けて狂暴のふるまいを敢てし、いまだに一度も敵に後を見せたことが無いのもここに基づく。私のような者は病的蛇蝎と罵倒されてももとより苦しくはない。ただ私の体育法（強健術　著者注）が、いささかなりとも世の人の健康に役立つことがあれば、またいつか小さなつまらない生をなげうって、人道正義のために少しばかりの働きをなすことができれば、これ全く可憐なる老父の賜物であることを、世間の仁義の士に訴えないわけにはいかない。（実験 簡易強健術）

さらに兄と同様、無為に生きるよりは、潔く病と虚弱に挑戦し倒れる背水の陣の覚悟も備わってきた。春充は、その決意を次のように述べている。

私の身体の萎縮もまたそのように、最早極点に達して全然発育の力を欠いているのではあるまいか。それにも係わらず、種々のことをやってかえって体をブチ壊すようなことがあったならば、何とする？——ヨシ！　死んで仕舞え。

痩せ衰えた病気から快復したての意気地なしに、どうしてこんな、猛烈な反発心が起こったのか。それは背水の残兵が憤然として、むらがる敵の大軍に斬り込み、あるいは窮鼠が死を決してかえって猫を噛むようなことに類するものである。このまま病と死との囚われとなるよりも、むしろ身を挺して進んでたおれろというのが当時の私の決心であったのだ。のみならず、『強健』に対する、熱心なる私の渇望は、最早私をしていたずらに手をこまねいて嘆いているいとまを与えなかったのである。

（聖中心道肥田式強健術）

以上の強健を志す動機は、いずれも春充の著書に述べられているものであるが、次のエピソードは、これらの著作には見出されず、昭和五（一九三〇）年発行の雑誌『キング　七月号』に「われ死に勝てり＝村一番の弱虫が僅《わず》か二年にしてこの強健体となった体験談＝」と題して掲載された文章中に唯一見出されるものである。

父の祈り

所が、何という機縁であろう。

私は弱いながらも次第に長じて物心がつく年頃となって、ふとした動機から俄然心機を一転することになった。

その時私は風邪がもとでまたもや身体が悪くなりかけていた。

ある日の夕方、私はぼんやりと窓にもたれて暮れ行く空を眺めていると、奥の方で誰かが頻《しき》りと何か言っている声が聞こえる。

「何だろう?」何気なく立って奥へ行って見ると、父は仏壇にお灯明をあげ、一心不乱に祈っている。

「…仏様、先祖代々様、あの子だけはお助け下さいまし、どうぞ、どうぞお助け下さいまし、一心こめてお願い申し上げます、一心こめてお願い申し上げます…」

繰返し繰返し、父は声も涙にふるはせつつ祈っている。その時分父も余程身体を悪くしていて、立つにも座るにも大儀そうであった。父はもう自分の余命幾何《いくばく》もなきを感じ、わが亡き後の弱い子の行末を案じ、身も心もなく祈っているのである。

聞いているうち、私は堪《たま》らなくなってワーッとそこへ泣き伏してしまった。父は驚いて振り返って、

「おお、お前はそこにいたのか…泣くな泣くな。わしは今、先祖代々の霊位にお前の身をようくお願いして置いたよ、だから、お前は今にきっと丈夫になるよ。わしが…わしが

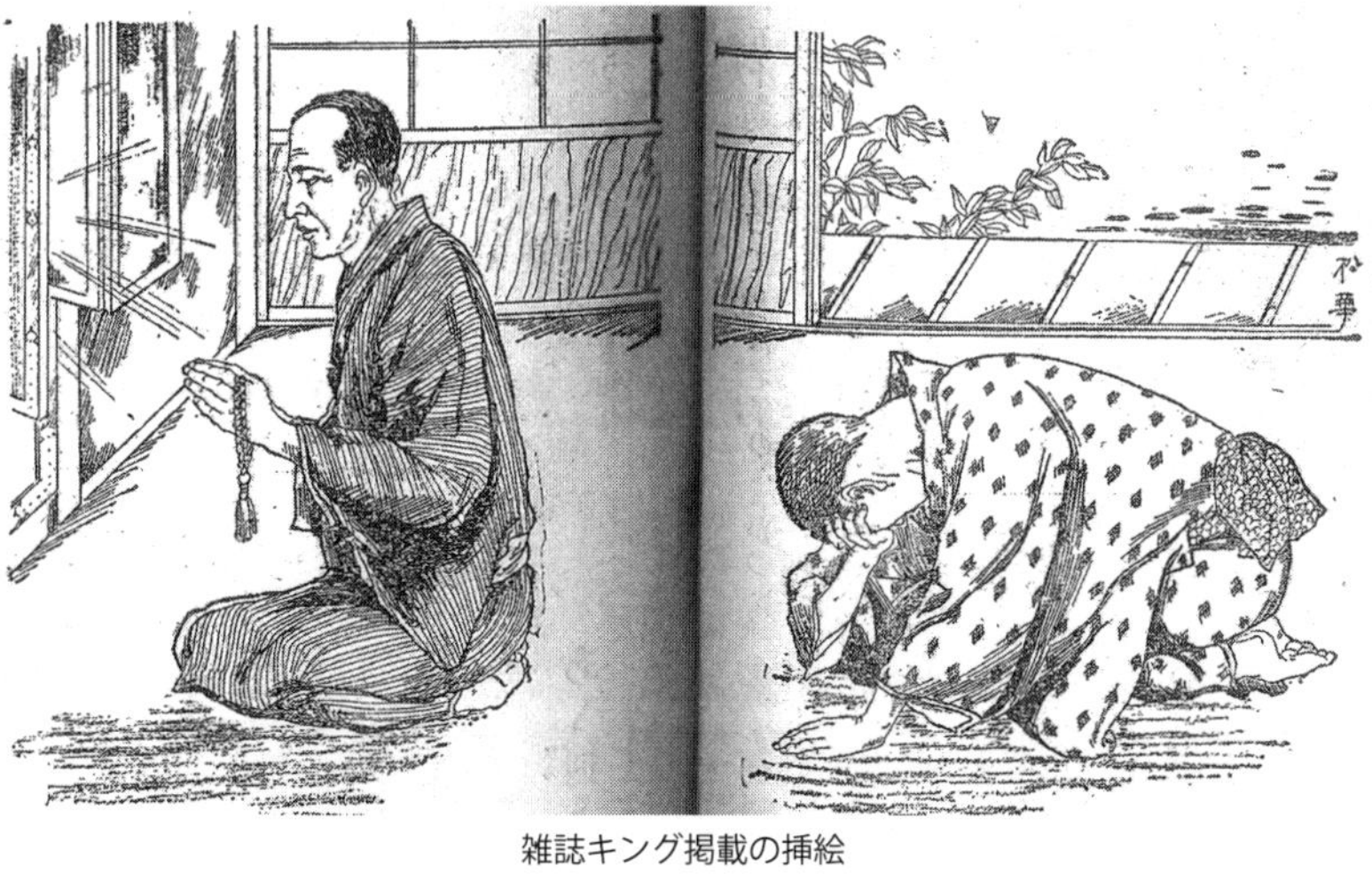

雑誌キング掲載の挿絵

いなくなっても…」父は後をいうことができず男泣きに泣いた。

私も泣いた。二人は暗くなった室で、いつまでも抱き合って泣いた。

その事があってからである。私の胸にある一つの強い強い考えが生まれたのは。

―ああ済まない済まない、お父さんに済まない。私は今まであまりに自分の健康についてあまりに無関心であった。もとより私とて病気は苦しい。死は恐ろしい。しかし今までは病気に苦しめられながら、ただじっとちぢこまっていただけで、なんら積極的に強くなろうとなどとはしなかった。

「私は強くならなければならぬ、是非強くならなければならぬ」

私の胸にむくむくとこうした願望が湧き上がって来た。

そうして一念発起した私は、それから敢然として強くなるための努力を励み出した。ちょうど折りよく、私は当時つれづれなるままに講談本を読み初めていたが、曰く宮本武蔵、曰く、荒木又右衛門、等々…の血湧き肉躍る勇士の活躍は、また一方私の心に強い衝動を与えた。あんな天下無敵の豪傑になったらどんなにか愉快だろう。そうした空想が私の胸を煽り立てた。当時私は十八歳であった。


この文章を書いた昭和五年当時、春充は四十八歳（数え年）、自身の半生を最も詳細に綴った主著『聖中心道　肥田式強健術』が出版されるのはこの六年後の昭和十一年のことであるが、そこにもそれ以降の著作にもこのエピソードは何故か見出されない。

以上をまとめてみると、春充が強健を目指した動機は次の七つとなる。

- 老父と病身の兄とを支えるために自身に掛かってくる社会的、経済的責任を、今の病弱な体では背負いきれないとの現実的な自覚とそれに対する恐怖感。
- 春充同様病弱でありながら、黙々と家業を遂行し、道を究めていく父と兄の後姿が、弱者に甘んじ、現実から逃避することを無言のうちに戒めた。
- 虚弱な体と精神では、行き着く先は惨めな生涯か死しかないという煩悶と恐怖。
- 講談本に語られる、豪傑や任侠者への羨望と、憧憬。
- 村の有力者に貧乏なため、理不尽に罵られる父の姿に義憤を感じたこと。
- 無為に生きるよりは、病弱に挑戦し斃《たお》れる覚悟をしたこと。
- 親心からの祈りに、感動し発奮したこと。

初めは、社会的、実際的な責務にたいする恐怖であった、それが、次第に惨めな生涯と死への恐怖へと移行していく。そして豪傑、任侠者達の強さに憧れ、さらに理不尽かつ不当な扱いに堪える父の姿と祈りに感動発奮し、病に挑戦し斃れる覚悟で強健になり、人道、正義のために活躍したいとの希望を抱くようになる。春充の思いは、一個人の恐怖、煩悶から他者への貢献をも考えるほど広がっていった。

これらの動機が、複合し渾然一体となって少年春充の心の中で臨界点を超え、春充は遂に強健を志すので

ある。春充は言う、

私は無意味に一身の健康を望まない。ただひそかに、自己の責任を顧みて事あるに当たっては、この強壮になし得た一身を捧げて、社会人道のために陣頭に立って戦わねばならぬと考えた。故に私は、私自身の体躯を強健にするために、あらゆる運動の効果を獲得しようと努めたのである。（心身強健術）

この憐れむべき少年の心の中に、ついに自覚と刺激との一大旋風は起こって来た。私はここに初めて体育ということに留意するに至った。私が発奮した直接の動機は実にこれであって、この時まさに十八歳、偶然にも、サンドウが運動を始めたのと同年であったことを後に知って、一種奇異の感にうたれたのである。

（心身強健術）

2　強健への道程

こうして春充は、具体的に身体を強健にする方法を探っていくことになる。当時すでに春充は、小学校等でそれなりの運動法、スポーツ等を体験し、時にはそれらを試み失敗もしていた。そこで、それら既存の運動を、いきなりやり始めることはしなかった。

それは、自身の身体が病弱により〝不自然〟に発達あるいは萎縮してしまっているので、それを矯正して〝自然〟に発達させるには、これまでに試みたような運動等で達成することは不可能であると考え、さらに合理的、さらに科学的な方法によらなければ無理であると考えたからである。春充は次のように考えた。

つまり私のこれまでの『不自然的発達』を矯正して、これを「自然的」に導くのには、ただ無闇に不適当な運動を強いても駄目である。私はこれを科学の力に訴え、先人の苦心の力に頼るほかはないと考えたのである。（心身強健術）

生き生きとして発育成長しないではやまないという自然の力を、病弱という巨大な圧力で押さえつけられているので、それが久しきにわたれば遂にはその潜勢力をも失って来る訳である。そうだ。私の筋肉内臓の委縮は、最早その極点に達していはしないだろうか。最早全然、成長発育の力を欠いてしまって

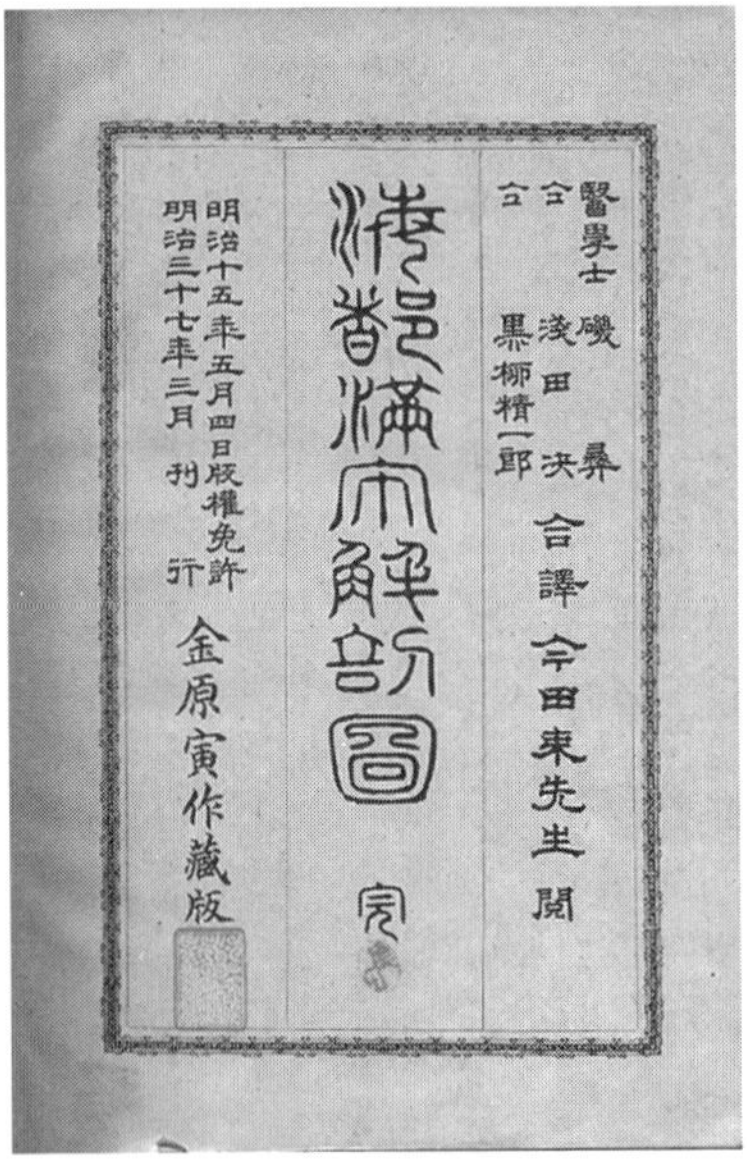

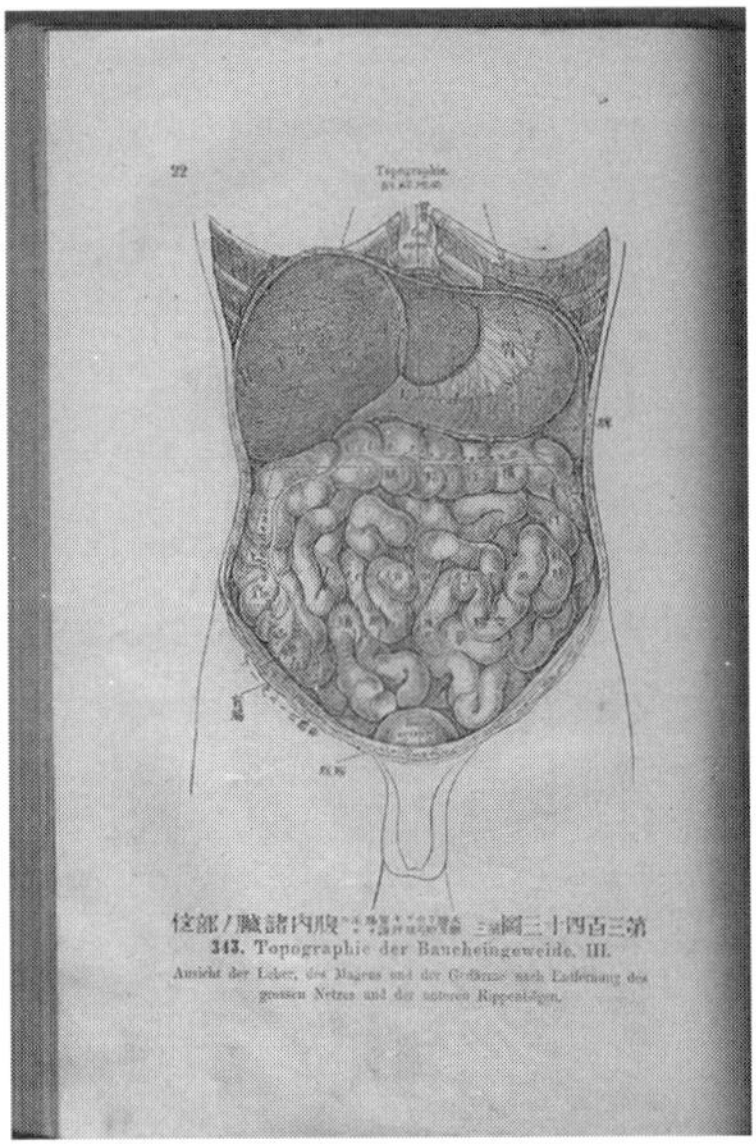

『海都満氏解剖図』扉（左）と解剖図（右）

はいないだろうか。つまり私の現在の小さく虚弱な体格体質を改造一変して、伸び伸びした豊富な自然的状態に導くのには、どんな運動でもやたらにやりさえすればよいというような簡単なことでは済まされないと、私は悟ったのである。

（聖中心道肥田式強健術）

こうして春充は、根本的に基礎を固めるため、人体の構造を解剖学的、生理学的に知るところから始める。この出発点が、後に凡百の強健法と肥田式強健術を大きく隔てる特徴の一つ、また後の「天真療法」の原点となるのである。

一念発起した私は、敢然として強くなるための努力を励み出した。私はまず根本的に基礎を固めて、出発しようと決心した。それには何よりも先に、人体内外の構造作用を明らかにせねばならぬと考

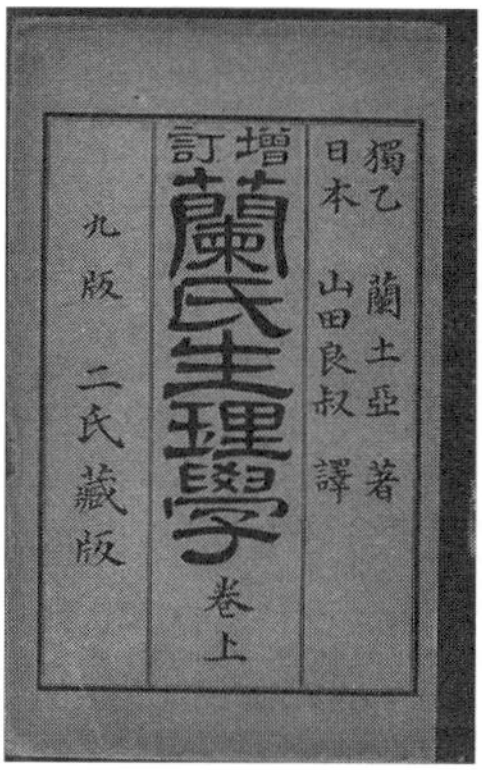

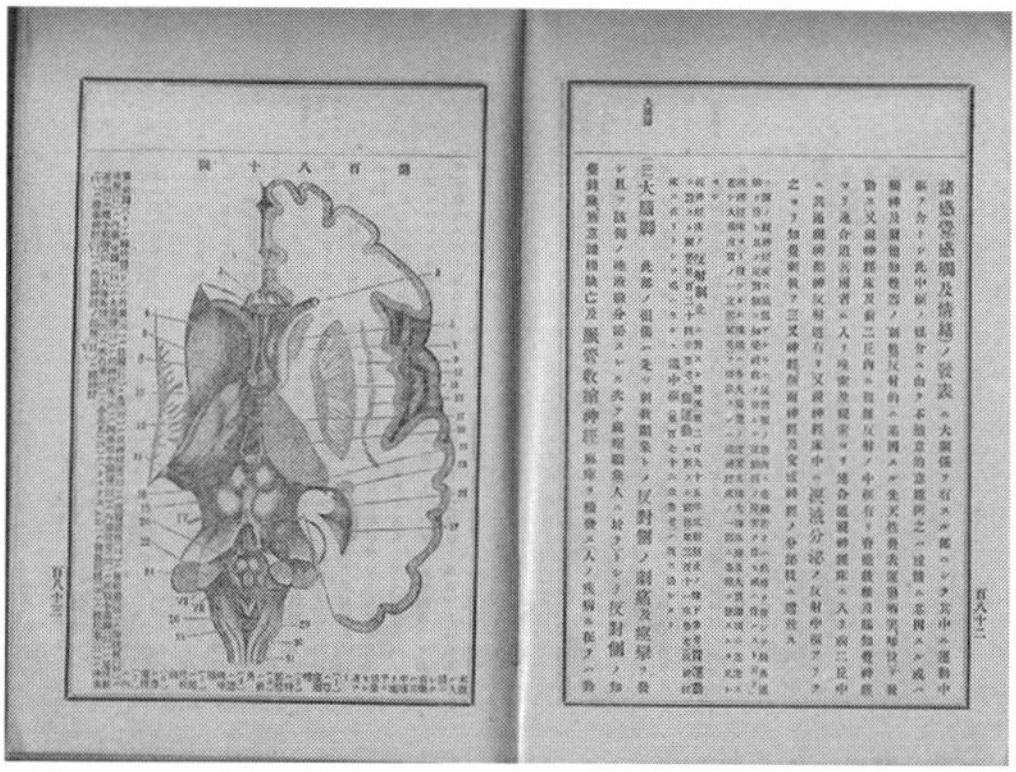

『蘭氏生理学』表紙（左）と本文（右）

えて、私は父が所蔵の解剖学、生理学の書物を引き出した。分厚い書物の塵を払って机に向かうと共に、私の両眼は焼きつくように紙面に喰い込んで行った。ことにその方面においての最高権威と称せられたハイツマンの解剖学とランドアの生理学とは、マルでバイブルを読むような敬虔な心持で読んで行った。

（聖中心道肥田式強健術）

ここで触れられている『ハイツマンの解剖学』とは、オーストリアの病理学者カール・ハイツマン（Carl Heitzmann　一八三六〜一八九六）著の『Die descriptive und topographische Anatomie des Menschen』一八八四年 WILHELM BRAUMULLER 刊の和訳、『海都満氏解剖図』明治三十七年　金原医籍店刊のことである。

ハイツマンは、後にアメリカのニューヨークに移住し、そこでアメリカ皮膚科学会の創始者の一人となる。また、水彩画のイラストレーター及びリトグラファーとしても有名で、この解剖書以外にも主に皮膚病理学に関する図譜をいくつか出版している。それだけにこの解剖書のイラストは緻密かつ精巧なもので、モノクロでありながら非常に理解しやすい優れた解剖アトラスとなっている。

また、『ランドアの生理学』とは、ドイツの生理学者レオナルド・ランドイス(Leonard Landois 一八三七〜一九〇二)著の『Lehrbuch der Physiologie des Menschen』一八八五年URBAN & SCHWARZENBERGの和訳『蘭氏生理学』三巻　明治二十年　山田良叔訳、刊のことである。ランドアは、輸血や血液の凝固の研究を行い、異なる動物間の輸血が危険で有害であることを発見したことで有名である。また、この書は導入部分に生理学を理解するために必要な物理学と化学の基本が説かれているのが特徴であり、恐らくこれを読んだ少年春充の心に、万物の成り立ちの玄妙さを強く印象づけたに違いない。春充はこれらの書の読後感を次のように語っている。

こうして私は、眼光紙背を貫くの熱誠をもって読破して行き、人間の体を組織している筋肉や、骨格やもしくは内臓の配置や、血液の循環やまたは神経の働きや、肺肝腸胃腎脾の作用、大体の知識を了得した時、私は自然の造化に対して、無限の神秘を感じ、ひたすらその妙用を讃嘆せざるを得なかった。驚嘆すべき天地の妙機、神の御業の偉大な一端を窺い、ここに私は、宗教と科学と相反馳すべきにあらざることを感じた。(聖中心道肥田式強健術)

ここで春充は、宗教と科学に矛盾がないことを感じたと語っているが、これは後の「強健術」、晩年の実践哲学「宇宙倫理」の底流となる思想であり、その原点は、初めて手に取ったこの二人の碩学の著作にあったのである。

春充は、夕暮れになり暗くなるとランプをつける暇も惜しみ、軒先に本を持っていき西の方角に本を向けて読む熱心さでこれらの本を読破し、一つの光明を見出す。それは、細胞の新陳代謝である。人間の身体は常に新陳代謝を営み変化している。この力を合理的、科学的に導いたなら、たとえ春充の虚弱な身体でも、強健な身体に改造することが可能なのではないか。春充はこう考えたのである。

ことに私にとって、最も大なる力と希望とを与えてくれたのは、細胞の新陳交換ということであった。普通健康なものであると、指の爪は三ヶ月で入れ替わり、体全体の細胞は七ヶ年かかるとスッカリ新しいものになってしまう。人間の体は、紙や泥でこしらえたデクの坊とは違って、絶えず活き働きかつ変化しつつあるものであるから、この成長発育の力を、善く導いたならばどんな虚弱な体質であっても、必ずこれを一変することが出来るという確信を得たのである。（川合式強健術）

私は憤然として、誓ってこの醜悪な体格を、改造しようと決心しました。丈夫な人の細胞が、入れ換わるのに七ヶ年かかるならば、自分は十年かかってようやく病弱の域を、脱することが出切るであろう。十五ヶ年にして、普通の体となるであろう。—けれど—二十ヶ年かかって、人並み以上に突きぬけてやろう。よし、やって見せる。きっとやる！　かく決心しますと、現在の自分は『茅棒』と綽名される様なものであるけれども、いつかは必ず隆々たる筋骨をそびやかす時が来ることを確信しまして、私の小さな胸は、洋々たる希望の光に充ち、いまだ戦わざるにすでに凱旋将軍の意気がありました。（体格改造法）

この爪が三ヶ月で生え替わり、身体の細胞が七年ですべて入れ替わるという記述は、上記の二著には見当たらない。この記述は後に詳述するパウル・フォン・ベークマン著『強肺術（最新体力養成法）』の中に出てくる次の記述が元であると考えられる。

人間生まれ落ちてから息を引き取るまで細胞は絶えず燃焼せられ絶えず入れ代わって行く。七年たてば人間全体が悉く入れ代わってしまうということである。（中略）指の爪が全く入れ代わるに僅か三月しかかからない。（強肺術）

当時（左）と現在（右）の一乗寺（出典：左 聖中心道肥田式強健術、右 著者撮影）

そしてこの確信を得た春充は嬉しさのあまり、近所の一乗寺の森へ行く。

勇気は、腹の底から湧き起った。ドンナ困難でも、克服してして見せる。倒れても、傷ついても、失敗しても、やりそこなっても、必ず起き上がって飽くまで初志を貫徹してやる。現在の自分はトカゲ、茅棒のようなか細い見すぼらしいものであるけれども、いつかは必ず隆々たる筋骨をそびやかして見せるぞ。いまだ戦わずして、私はすでに凱旋将軍の意気があった。

私は喜びの余り、一人一乗寺の森へ行った。時あたかも仲秋満月の夜、青白い光に濡れて立つ本堂、朧に浮き出された山門の彫刻、欅、杉、檜の大木が交錯した森、石段の下の方からは家々で甲斐絹を織る機杼の音が聞こえて来る。富士おろしはソヨソヨと袂にたわむれた。（中略）懐かしきかな―アア彼の一夜!!　―。アア彼の森!!　―甲州小沼、一乗寺の森の夜よ!!!　（聖中心道肥田式強健術）

春充が強健への確信と希望を抱いて月を仰いだ一乗寺は、当時の面影をほぼ残しながら、現在も甲州小沼の地にひっそりと建っている。

3　運動に対する五つの要求

人体の構造を理解した春充は、先ほども触れたように、在来の運動、スポーツをそのままの形でいきなり始めることはしなかった。その理由を次のように語っている。

私の鍛練の目的は、完全無欠なる人体の形成というのにある。筋肉、内臓、体格、膂力、いずれも優秀円満なものに造り上げようというのである。つまり、最劣等な体格の所有者が、最上完全優秀の体格体力を得ようとするのだ。（中略）私の体育に対する全要求は、最も完全なる発達ということであった。この全要求をもって向かって見ると、これに長あるもの彼れにおいては短であって、安心してその一つのみに、依ることはできなかったのである。（聖中心道肥田式強健術）

このように、完全無欠な肉体を手に入れるには、一種類の運動法、スポーツのみを行っていては困難である。そこで、各運動法を比較研究しその長所を取り入れ短所を捨て新たな運動法を考案しようとしたのである。そして、その運動法に必要な五つの目標を定める。この目標は、発表される著書によって弱冠表現が違うが、最も要旨がよくまとまっている『聖中心道　肥田式強健術』の表題を最初に掲載しそれぞれをまとめると次のようになる。なお、各文の後ろに（）に入って記されているのは、その要件が載せてある著作である。

【第一の要求】

1、運動は飽くまでも、自己の嗜好に適したものでなくてはならない。厭々ながら義務的にやる様なものであっては、到底その効果を挙げることはできない。(聖中心道肥田式強健術)

運動は飽くまで自己の嗜好でなくてはならぬ、言ひかえれば、運動が義務の苦役であってはならぬ。

(実験　簡易強健術)

運動を苦役として課せさないこと。(腹力体育法)

運動は飽くまで、自己の嗜好でなくてはならならぬ。言い換えれば、運動が義務的の苦役であってはならぬ。(心身強健術)

運動練修は、嗜好的、娯楽的に、できるように、趣味あり、活気ありる方法でなければならぬ。精神の入らぬような、義務的苦役のものであってはならない。(健康の中心を強くする法)

この第一の要求は、小学校の体育が、無味乾燥で全く興味を持てなかったのみならず、その効果も上がらなかった春充自身の実体験に基づくものである。彼は言う、

見るがいい。小中学校時代においては、発育成長力はことに旺盛であって、彼等は好んで運動することを欲するものであるにも関わらず、一日一時間の体操に心よりの愉快を感じる者が、果して幾人いるだろうか。このように運動ということに熱中した私自身もまた体操時間をもって、最もイヤな辛い時間と思はざるを得なかった一人である。（実験 簡易強健術）

春充は、小学校の体育の冗漫さを証明するべく、『小学校体操教程』という著作を処女作『実験 簡易強健術』の中に引用している。これは、カード式で全七十三枚、各学年、各学期に体操を振り分け、さらに各週に細かく体操を割り振っている非常に煩雑なものであり、春充は、これを有害無益の苦役であるとしている。

さらに萬朝報紙上に、『文部の体操統一』という記事が出たことに関し、春充は学校の体操の欠点を手紙にしたため、当時の文部大臣 小松原栄太郎（一八五二〜一九一九）に提出したという。春充が、学校で行っている体操の欠点と考えたことは、以下のような内容であった。

一、窮屈不自然な気をつけの姿勢を執らせて、全身を硬固にし、体操の効果を減ずること。

一、やり方が多くって、頭脳を悩ますこと。

一、やり方が、解剖的から観ると無意味に多く、形式は違っても、実質的にはしばしば重複しているから、従って、記憶するのに頭を悩まし、熟練するのに、困難である。（聖中心道肥田式強健術）

一、乾燥無味で、活気がないこと。

一、時間の永いこと。

一、体育と、規律的訓練とを、同時にやろうとした誤りに落ちていること。

一、下腹の緊張（中心力　川合式強健術）を全然等閑していること。

一、最も肝要な腰と腹との中心力を、全然等閑にして、さらに顧みる所が無い。従って最強最大の力を振って、体育場最高能率を挙げることができない。（聖中心道肥田式強健術）

一、中心力と部分力との比例について、何らの考慮が払われておらないから、運動上、過激の弊害を除

去することができない。（聖中心道肥田式強健術）

一、呼吸の調節を閑却していること。（体格改造法）

一、正確な、諧調ある、力の籠った動作には、最も肝要な、呼吸の調節が閑却されている。

（聖中心道肥田式強健術）

一、運動回数を発声させて、精神の集中を鈍らせること。

一、多くの筋肉を同時に働かせるから、疲れやすいこと。

一、多くの筋肉を、同時に働かせるから、その筋肉の構成上、何れも不充分な緊張をして、体を動かす割合に著しき発達を見ることが出来ない。（聖中心道肥田式強健術）

一、種類が多くて、熟練の困難なこと。

この手紙について最初に触れているのは、処女作『実験　簡易強健術』である。そして箇条書きで著作名が記されているものは、その後に出版された著作に掲載されている文章であり、明らかに初めの手紙に加筆されたものである。なぜならば、初期の著作ではまだ登場していない「中心力」「部分力」等という概念が使用されているからである。春充の編み出した強健術は、その初期のころから次々と進化していき、その形も概念も変化していく。

逆にこれら加筆された項目により、初期の強健術に「中心力」と「部分力」、「呼吸の調整」を付加したものが、発展した強健術の姿であり、初期の強健術にはこれらの概念が希薄であったことが明らかになる。また、この手紙で指摘している点は、すべて強健術の特色となっているものである。この点に関しては、後に詳細に触れてみたい。

【第二の要求】

2、強健となるべき目的である以上、運動は、どこまでも積極的でなくてはならぬ。

（聖中心道肥田式強健術）

強健となるべき目的である以上、運動はどこまでも消極的であってはならぬ、積極的であらねばならぬ。

（実験　簡易強健術）

第二の要求は、運動の積極性である。このことについて春充は、生きるということはどこまでも、積極的なものであり、生命の自然はこの積極性にある。運動の目的は、この自然な積極性を助長し、不自然を取り去るものでなければならないとしている。

そして、消極的健康法として、まず、冷水浴が挙げられている。冷水浴は、春充が大きな影響を受けた『サンダウ体力養成法』明治三十三年刊に、『冷水浴の秘訣』と題して、これを運動の後に行うことを勧めている。この後、冷水浴及び冷水摩擦、乾布摩擦は一種のブームとなり、明治三十年代、四十年代に大流行することとなる。

後に詳しく触れるが、当時春充が強健を目指した目的の一つは、「筋肉の発達」であった。ところが、冷水浴は皮膚を強壮にして、風邪等を予防することはできるが、積極的に筋肉そのものを発達させるものではない。そこで、この時点での春充は、冷水浴を消極的健康法として否定したのである。しかしながら後に、「皮膚の強靭」に資するものとして、また強健になった健康体が自然に要求するものとしての「冷水浴」は、大いにその有用性を認めることとなる。

次に、春充は当時大流行していた「腹式呼吸法」とその呼吸法を応用した「養生法」を、やはり筋肉の発達に資するところが少ないとして、消極的であると批判している。ただし、ここでも、「腹式呼吸法」は、「内臓の壮健」には大いに役立つとして、その方面の積極性は認めており、後に強健術の要件の一つとして位置づけている。

春充は冷水浴、腹式呼吸等の養生法について次のように言っている。

多くの人が朝の冷水浴くらいを誇りとするのは、全くその意を得ないことで、ことに『冷水浴をやれば風邪をひかぬから』など言うに至ってはそのこれに対する気持ちが、全く消極的であることを同情せざるを得ないである。（心身強健術）

『腹式呼吸法』の目的は内臓の壮健である。内臓の壮健は即ち元気の根本、身体強壮の一大根底となるものであるが、（中略）筋肉個々の発達という点においては、まだはなはだしく欠けているところがある。（実験 簡易強健術）

さて単に、漠然とした体育という上からは『深呼吸』も良かろう、『冷水浴』も良かろう、しかし、それが直接に筋肉の発達に関係があるという事はできない。（腹力体育法）

あるいは『腹式呼吸』といい、あるいは『静坐法』といい、近頃だいぶ精神的修養を土台とした種々の修養法が流行して来た。これらは私の運動法の精神と一致するものであって、私は世間がこういう一種の機運に向かって来たことを双手を挙げて喜ぶものである。しかし私は、これをもって満足することはできない。我らは実社会に立つ活動の人として、最優良の筋肉を持たねばならぬ。（腹力体育法）

なお我国でも一定観念のもとに腹式呼吸をやる方法が、一時大流行を極めたことがあるが、優秀な体躯を造る実際的効果からは相去ること極めて遠しと、言わざるを得ない。（聖中心道肥田式強健術）

さらに「対症療法」についても、姑息、消極の手段であるとして、次のように述べている。

生命の力（傍点著者）がどこまでも積極的であったなら、『病気』とか『虚弱』とかいう不自然な消極的な分子は、自らにして除去し去ってしまわれるであろう。（実験 簡易強健術）

この「生命の力」を自然に発達させれば、不自然、消極的な「病気」、「虚弱」な要素が自ら除去されるという考えは、先にも触れたように春充が身体を強健にする基本とした考えであると同時に、これが発展して後の「天真療法」となる重要な考え方である。

また、「衛生法」に関しては、消極的であるばかりでなく、行きすぎた衛生思想は、不潔、細菌に対する恐怖心を徒に助長し、心身を萎縮させ、萎縮は組織の抵抗力を低下させ、かえって病気を招いてしまうとした。

そして当時健康法とともに盛んにもてはやされた「長命法」があったが、無為に長生きすることはただ虚弱ではないというだけで、やはり消極的であり、虚弱を積極的に強健に造り変えるには不十分であると考えた。しかし、「長命法」だけでは、積極的に強健になることは難しくとも、強健術と「長命法」は方向性を同じくしているので、強健術によって長命を保つことは可能であると考えた

【第三の要求】

3、運動が、技術の末に堕してはならない。運動は、運動それ自身で、効果を収め得るものでなくてはならない。（聖中心道肥田式強健術）

運動が技術に終ってはならぬ、運動は運動それ自身の効果を収めねばならぬ。（実験　簡易強健術）

運動を技術に堕さしめない事。（腹力体育法）

運動が無用の技術に終わってはなりませぬ。運動は、運動それ自身の効果を収めなければなりませぬ。（体格改造法）

この要求は、春充が裏庭に鉄棒を造り器械体操に挑戦した経験から来たものである。春充は、大車輪などもできるようになり、鉄棒に腰掛けてアコーディオンを弾くなどのバランス感覚も発達した。また、後に中学、大学に進学し、軍隊に入った時にも棚、木馬、梁木等、あらゆる器械体操において、最も優秀な成績を得たが、うまくなればうまくなるほど軽妙に力を要することがなく、体格に目覚しい変化もなくなったのでこれを廃止してしまったという。

ここにおいて春充は、純粋な体育を目的とする運動は、運動それ自体を以て、直接身体の内外を発達させ得る所の運動法ではなくてはならないことを、痛切に感じるようになった。

また、器械体操が相当満足すべきものであったとしても、鉄棒等の器械、道具類を携帯することは不便であり、継続を妨げる大きな障害になると考えたのである。そして、この問題は、次の要求にも密接に関連してくる。

【第四の要求】

4、運動に金銭を要してはならない。運動に器械を要してはならない。健康は身体それ自身を以て、購うべきものである。（聖中心道肥田式強健術）

運動に金銭を要してはならぬ、金銭をもって健康を購ふは、少なくとも背理である、健康は身体をもって、購うべきである。（実験　簡易強健術）

金銭を要せざること。（腹力体育法）

運動に金銭を要してはならぬ。健康は身体をもって購うべきである。（心身強健術）

何時でも、何所でも、何の経費も要せずに、直ぐに、できる方法でありたい。（健康の中心を強くする法）

春充は、自然が生物を生み出したのであれば、健康を保ち、その生を楽しみ、生を全うするのに、金銭を必要とし、特別の用具、器械等を必要とするのは、不自然、不合理、背理であると考えた。

また、当時も現在と同様に様々な健康器具、医療ガジェットが発明、販売されていたこともこのような批判の要因の一つであった。春充の挙げている例によると当時の健康器具の主なものは次のようになる。

サンドウのホワイトレー…十二円余り

『サンドウ体力養成法』では、「サンダウ、ホワイトレー改良練習機」と紹介されていて、サンドウとホワイトレー教授の共同開発になる物のようである。詳しい仕組みは解説されていないが、図を見る限り、壁等にスプリングを固定しそれを引いて各筋肉を鍛える構造のようである。

また、『サンドウ体力養成法』巻末にある「美満津商店体操部」の広告には、「英米製エキセルサイザー各種」の一つとしてこの練習機が「The Whitely Exerciser」の名で販売されている。

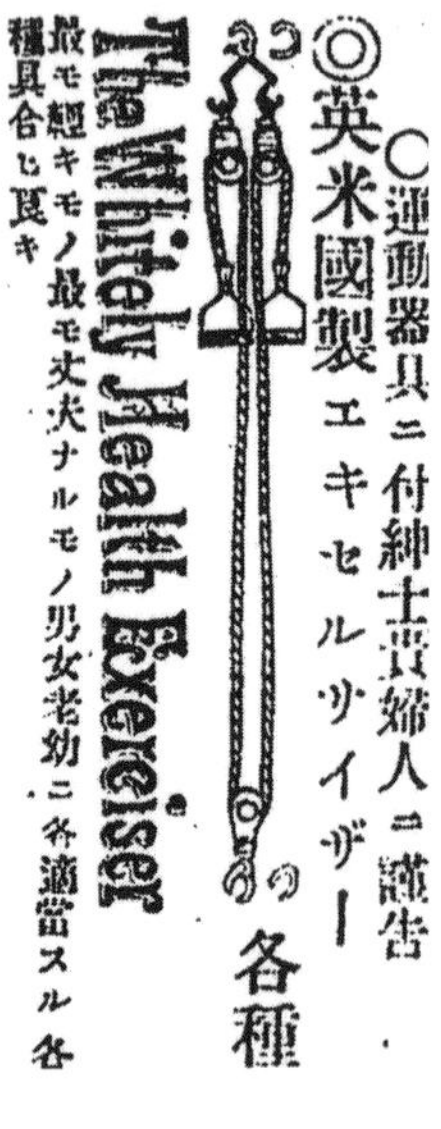

ホワイトレー（上）とエキセルサイザー（下）
（出典：サンダウ体力養生法）

ベークマンの強肺器…十六円

パウル・フォン・ベークマン著『強肺法』によれば、ベークマンが肺量を増やすため、「肺量器」を改造して作成したものである。彼はこれを「Pneumauxetor（ニューモークシトル）」（肺を強くする器械の意）と名づけた。その詳細な構造は図がないので不明だが、翻訳者によればこの器械の高さは約二尺（六十センチ）位で、値段は輸入の経費込みでおよそ十五円以上になるという。

酸素吸入器…十五円

これもパウル・フォン・ベークマンによって発明されたものと思われる。彼は、酸素を吸入することによって様々な病状が緩和することから、酸素吸入の有効性を確信していた。しかし、圧搾酸素を使用する酸素吸入装置は、大規模であり大病院だけでしか使用できないことから、個人でも手軽に酸素を発生させこれを吸収する簡易な装置を考案したのである。解説によれば、過ホウ酸ナトリウムを原料とした錠剤の化学反応により酸素を発生させて、これを吸入させるもののようである。

オキシパサー…七十五円

日本オキシパサー商会発行の『オキシパサー使用書』によれば、「オキシパシーとは大気中の酸素を利用して疾病を治療するの謂にして、オキシパサーとは本器の原名なり」とあり、また同会発行の『オキシパサー　治療実験例』には「磁気応用酸素療器」と名づけられている。同書によれば大気中の酸素を血液中に取り込むため、人体固有の磁性を陽性に変化させ、陰性の酸素を人体に誘導するものだそうである。この説明だけでも、科学用語を使用しながらその説明が支離滅裂であり、一種の疑似科学であることが理解できる。

その形体は、金属の筒から二本の導線が延びてそれを身体に巻きつけるゴム製の帯がついている。この金属の筒を水に浸し、導線の先のゴム帯を腕や足あるいは身体に異常のある部分に着用すれば病を癒すことができるという。

『オキシパサー　治療実験例』には、下痢、腹痛はもとより心臓病、肺炎、肝臓病からヒステリー、精神病など器質的疾患

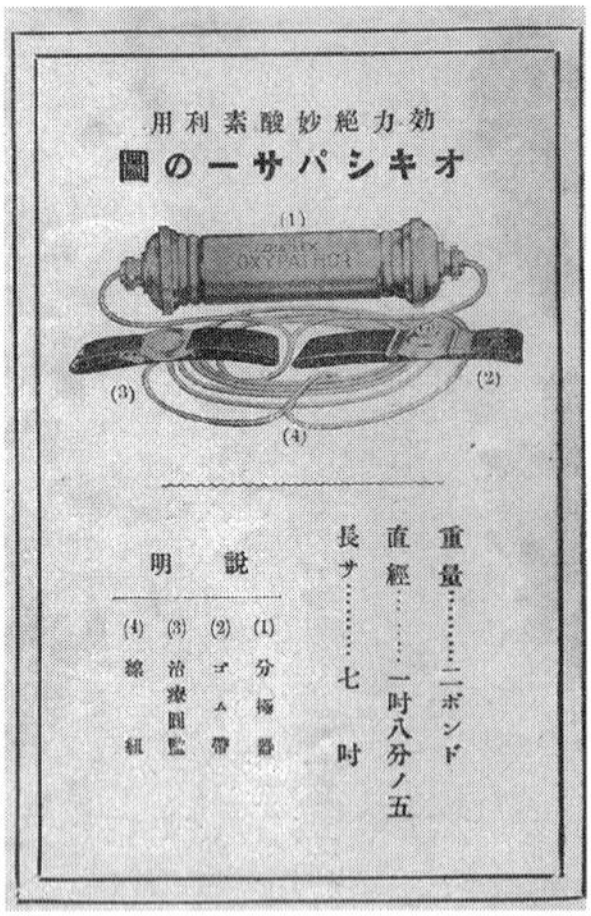

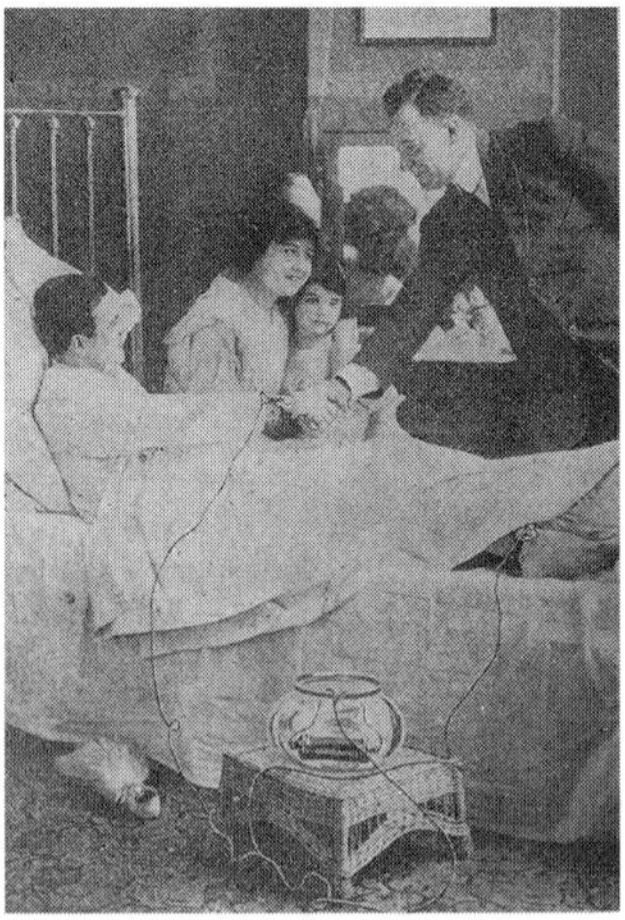

オキシパサー（左）と使用法（右）（出典：オキシパサー治療実験例）

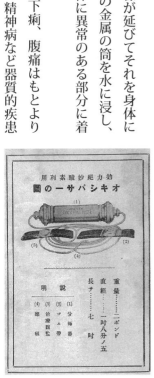

から精神疾患まで七十種以上の病気が治療できる上に、「動物用オキシパサー」まで紹介されているという万能ぶりである。しかも、オキシパサーの功労者としてマイケル・ファラデー（一七九一～一八六七）の名を挙げているが、無論ファラデーはこのような医療機器を製作したためしはない。電磁気学の大家の名を借りて、いかにもその科学の応用品のように権威づけているだけである。また、オキシパサーの値段は、『オキシパサー　治療実験』中の広告によれば、一組三十八円となっている。

オキシヘラー…三十五円

　この機器は、先の「オキシパサー」と全く同じ構造、使用法のもので、「オキシパサー」がアメリカ　オキシパサー会社で作製され、日本オキシパサー商会が総代理店として輸入販売しているのに対してこの機器は、前島震太郎なる人物が考案したものであるという。しかし、『オキシパサー使用書』は大正二年に発行されているが、『オキシヘーラー使用書』は、大正三年に初めて出版されている。これより、オキシヘーラーは、オキシパサーの模造品であることが考えられる。また、この書によれば、家庭用オキシヘーラー一個の値段は、三十五円である。

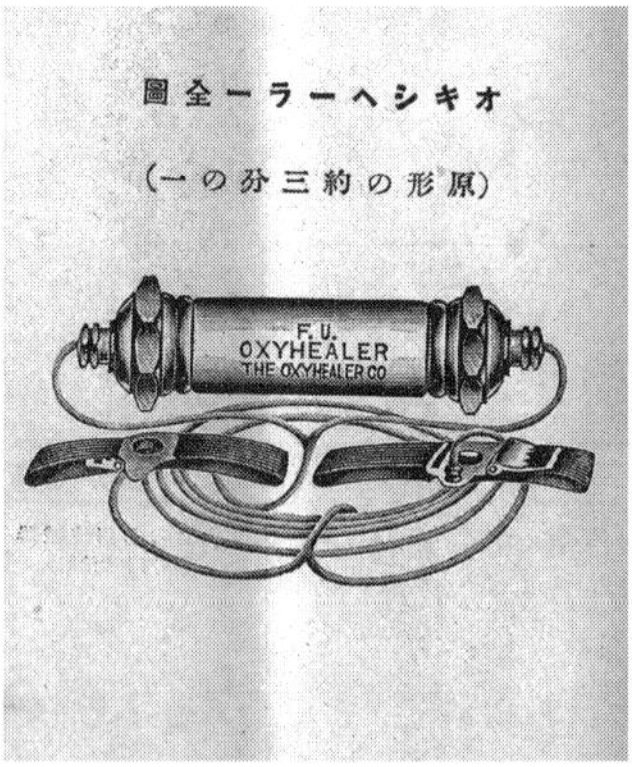

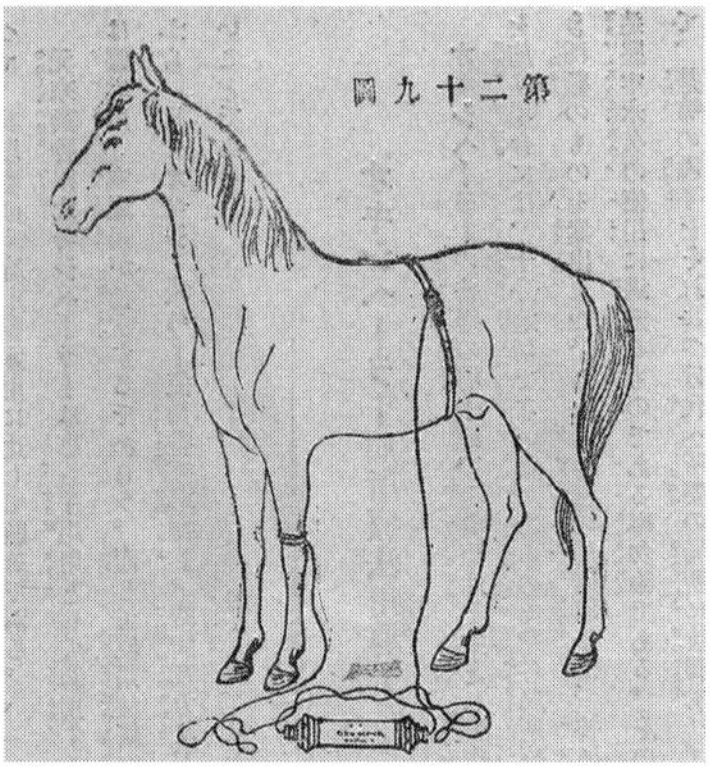

オキシヘーラー（上図）と人の使用法（左）と馬の使用法（右）
（出典：オキシヘーラー使用書）

これらの器具の記事は、春充の三冊目の著作『心身強健術』（大正三年発行）に始めて見えるものである。この頃の自転車一台の値段が、四十五円～六十円（大正八年）、野球のグローブの値段が二円十銭～三円（明治四十四年）、大卒の銀行員の初任給が四十円（大正二年、五年）であったので、いかに贅沢品であったかがわかる。そしてこれらの器具の中には、最後の「オキシパサー」や「オキシヘーラー」のように明らかに科学的根拠薄弱ないかがわしい物も多く含まれていた。

同様に健康を謳う滋養剤や、栄養剤も無用であると考えた。また、こういった滋養剤、器械類で、インスタントに体重や体質を変化させたり、病気を治療しようとすることこそ不自然であり、かえって健康を損ない、生命をむしばむものであるとした。

そしてそれら以上に、治病、健康を高額の報酬で与えるとする宗教家、祈祷師、霊術家は藁をもつかむ思いの病者達を虐げ、欺いているとして厳しく糾弾している。

これらの批判、考察の源泉は、春充が生理学、解剖学を基礎としていたことにあるが、この考えがさらに発展して、後の「天真療法」につながる。また、似非宗教、疑似科学を否定し、合理的な科学と宗教に矛盾がないとする実践哲学「宇宙倫理」へと発展する思想の萌芽もここに見られる。

さらに、柔道や剣道のように、相手と道具を必要とし、特別の場所が必要な武道、運動も不自然、不便であり永続を妨げると考えた。

【第五の要求】

5、最後に、最も、最も――大切なことは、運動に多大の時間を要してはならないということだ。時間を多く要することは、徒に疲労を招くのみならず、最も恐るべきことは、どうしたって、永続慣行を妨げると、いうことである。（聖中心道肥田式強健術）

運動に多大の時間を要してはならぬ、時間の徒費は運動の永続を妨げ、その効果は多く疲労に終わるに過ぎない。（実験　簡易強健術）

時間を要さないこと。（腹力体育法）

運動に多大の時間を要してはならぬ。時間の徒費は運動の永続性を妨げ、その結果としては多く疲労に終わるに過ぎない。（体格改造法）

方法の数が多くてはいけない。数が多いと、時間もかかり、忙しい時など、ついおっくうで、放棄するようになりやすい。（健康の中心を強くする法）

練修に、多くの時間を要してはならない。時間のかかることが、何よりも、永続を妨げ、ややもすれば、中断させ、ついには、廃絶させてしまいやすい。(健康の中心を強くする法)

この最後の要求が、強健術を変化発展させたと言っても過言ではない。具体的に様々な運動を実践、研究していく中で、春充は、運動永続性を妨げる最大の障害は、その運動に費やす時間であることに気がついた。特に、普通に仕事や勉学を営んでいる社会人や学生には、四十分から一時間近い時間を運動に費やすことは現実的に困難である上に、挫折を生みやすい。この時間を短縮して、全身を鍛える時間を十分から五分くらいにしたいというのが所期の希望であった。そのために、生理学の合理と、運動の効率化を進め、さらに春充独自の創案を加味してでき上がったものが強健術なのである。そして、合理化、効率化は極限まで進められ、最終的には四十秒程で行うことも可能になり、さらに晩年には日常生活そのままが、仕事そのものが、強健術となってしまうのである。

【その他の要求】

次の二項目は、春充第二の著作『腹力体育法』にのみ登場するものである。

一、徒らに種類を多くして頭を悩ませない事をつとめたる事。（腹力体育法）

これは、先の第一と第五の要求に含まれると考えられる。

一、器具を要さない事。器具を要さないために旅行中といえどもなお容易に行うことができる。（腹力体育法）

この要求は、主に第五の要求に含まれるが、第四の要求の要素も含んでいる。

また、次の二項目は、『健康の中心を強くする法』のみに登場するものである。

相手を要せぬこと。（健康の中心を強くする法）

場所を要せぬこと。（健康の中心を強くする法）

この二つの要求も、第四及び第五の要求に入るものであるが、先にあげた五つの要求とは別に挙げられたこれらの要求はいずれも、簡便であること、いつでも、どこでも、一人でも行えることを目指し、運動の永続化を念頭に置いたものである。これによっても、春充がいかに運動の簡易化と永続化に腐心したかが伺える。

4、運動の四大要件

以上の五つの要求を設定した春充は、次に具体的な運動法を比較研究していくこととした。初期の著作には、春充が試みたいくつかの運動法の長所と欠点が論じられている。そしてなぜ春充がその運動法を最終的に採択しなかったのか理由が述べられており、興味深いものがある。また、ここで比較検討された運動法から、強健術の目的であり、基本的考え方である「四大（後に八大）要件」が生まれてくる。この四大（八大）要件を仔細に調べると、強健術の成り立ち、仕組み、方法論が見えて来る。この四大（八大）要件を単なる強健術の効能書きのように捉える向きもあるが、それはあまりにも皮相的な見方である。この四大（八大）要件を達成するために、強健術は編まれたのであり、この中に強健術の原理とシステムが語り尽されているといっても過言ではない。

春充は、その辺りの事情を次のように述べている。

以上（先にあげた五つの要求　著者注）は、私が運動それ自身に対する要求であるが、尚ほその最後の目的としては、

(1)筋肉の発達

(2)内蔵の壮健
(3)体格の均整
(4)動作の敏活

ということであった。この目的を達するために組織したのが即ち『強健術』である。(心身強健術)

そして、実践した各運動法に関しては次のように述べている。

私はまず東西各国の有名な体育法を研究実行して見た。しかしそれ等は、皆それぞれに欠点があって自分の理想とすべきものが一つもない。これは理屈から押しての議論では無くて、実際自分に実行してその弊害をうけたのである。私は『強健』に対する積極的要求のために、その意志も猛烈で強固であったからどんな運動でも本気で一生懸命やった。ところが、欠点のある運動法は本気でやればやる程その弊害を受ける事も大きく、私はこのためにせっかく鍛えようとする身体を壊した事さへ少なくなかった。

(腹力体育法)

以下に、春充が実践し、改良した体育法と、その過程で生まれた強健術がどのようなものか詳細に見ていきたい。

5　サンダウ体力養生法

実践した運動法の第一に挙げられているのが、先程からその名が出てくるユージン・サンドウ（Eugen Sandow, 一八六七〜一九二五）の考案になる「鉄アレイ運動法」である。

サンドウは、〝近代ボディビルの父〟と呼ばれ、初めて解剖学的にそれぞれの筋肉に合理的な鍛練を施し、古代ギリシア・ローマ彫刻のような肉体を造り上げる方法を考案した先駆者として有名である。彼は、その肉体鍛錬法を『Sandow's System of Physical Training』と題して発表している。

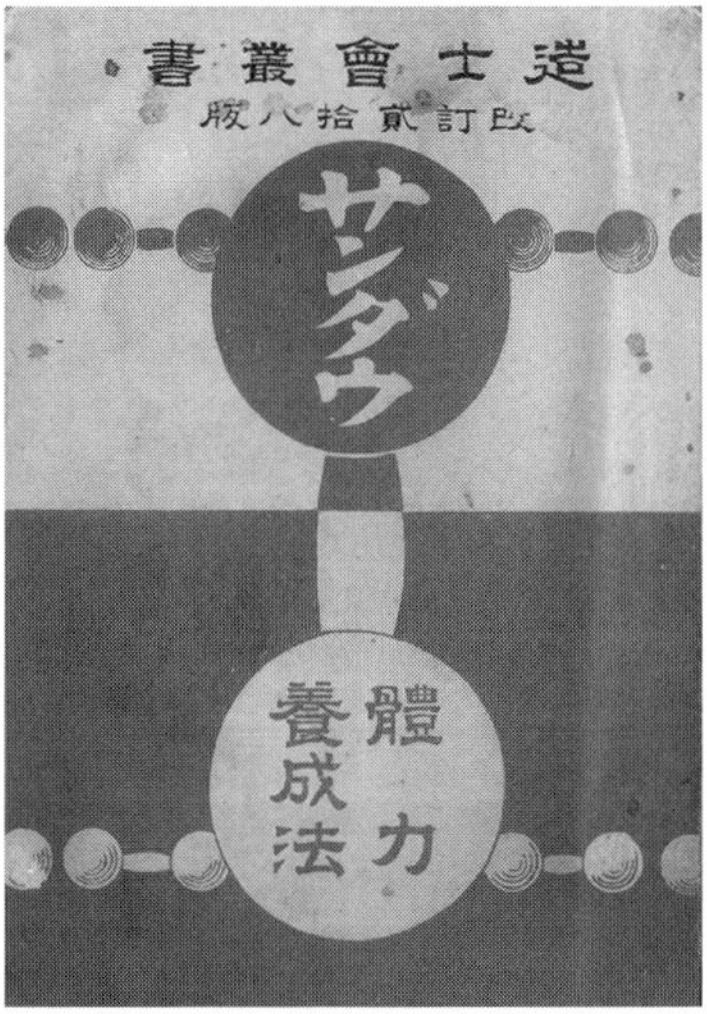

『サンドウ体力養生法』表紙

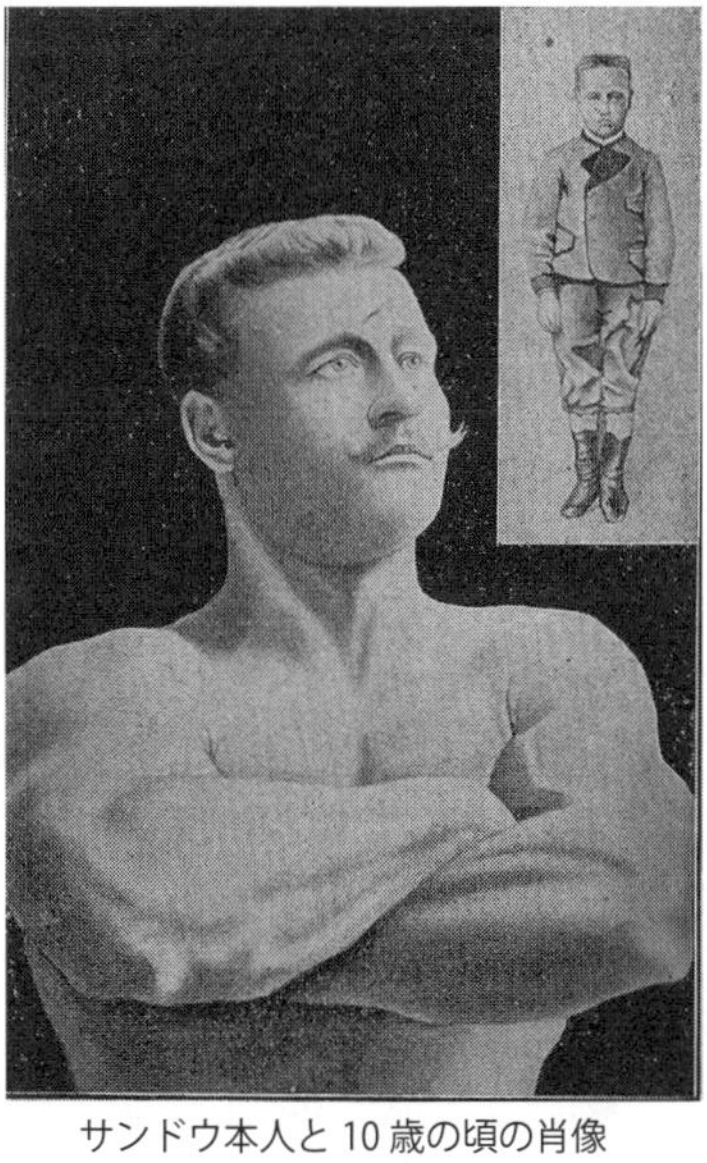
サンドウ本人と 10 歳の頃の肖像
（出典：サンドウ体力養生法）

この運動法は、『サンダウ体力養生法』と題して明治三十三（一九〇〇）年六月に造士会より出版され、たちまちベストセラーとなった。この明治三十三年は、奇しくも春充が強健になる志をたてた年であり、この年の四月に春充は決意を固めている。その二か月後に、この書は刊行される訳である。そして同年八月には早くも再版が出され、十一月には改訂第五版が出版されており、十一年後の明治四十四年には、改訂増補六十四版を重ねるという爆発的な売れ行きであった。こうして、サンドウの鉄亜鈴運動法は、明治三十年代から四十年代にかけて一つの社会現象になるまでの大ブームを巻き起こすことになる。

出版元の造士会の会長は、講道館柔道の創始者嘉納治五郎（一八六〇〜一九三八）である。嘉納の「序」にはこうある。

当時講道館は師範の数が足りなく、その養成が急務であった。そこで、教師と相手を必要としないサンダウの養生法は、これを補うのに最適であると考え、自ら一年間実践してみたところ、成績がすこぶる良かった。そこで、これを普及することにしたということである。

『サンドウ体力養生法』は、前半にサンドウの半生、後半が練習方法という構成になっている。この前半部分は、サンドウが幼少時虚弱であったこと、イタリア旅行の際古代格闘家の彫刻を見てあこがれを抱き、体操教習所で練習をしたが効果がなかったこと、十八歳の時解剖学の研究を行い、それを基に練習をしたところ強力な肉体を手に入れたことなどが記されている。

これを見てもわかるとおり、春充が強健術を編み出すため、解剖、生理学を基礎としたのは、サンドウの影響である。春充自身も次のように述べている。

運動といえば、何でも筋肉を働かせさへすれば良いように思うのも誤りである。私も随分色々な運動を試みて失敗した。サンドウも体の弱かった時、数年間体操教習所に入って熱心に運動をやったが、その甲斐がなかったという事を聞いて、心から成程《なるほど》と思った。こりゃどうしても、解剖学に基づいた、筋肉の発達によらなけりゃならない。この点は大いにサンドウに学んで、その極地を得たいと試みた。

（実験　簡易強健術）

また、半生を描く後半には、無名時代のサンドウがその肉体と怪力のみで、当時の有名であった怪力者や彼を見くびる無法者に打ち勝ち一気に有名になる話。アメリカ巡業中にライオンと素手で戦うことになったが、練習試合で散々ライオンを投げ飛ばしてしまったので、本番ではライオンが怯えてしまい、仕方なく肩に担ぎあげて場内を廻った話等の武勇伝が、痛快な筆致で描かれている。

これを読んだ春充が、任侠伝と同様にその強さと逞しい肉体にあこがれたであろうことは、想像に難くない。春充がこの書を手に取った大きな理由の一つは、この逞しい筋肉へのあこがれであった。彼は言う、

私が運動に対する最大の目的は、『筋肉の発達』という事であった。私は虚弱であった。病身であった。あわせてただ病気を免れるというまでの程度に健康になろうなどという、そんな消極的の希望はかつて持たなかった。私は無意味に一身の健康を望まない。（心身強健術）

ことに、『茅棒』と呼ばれた繊弱細小の私が、第一の憧憬は隆々巌のような筋肉と、牛角を裂くような強力であったことは、境遇からいっても、正に当然のことであらねばならぬ。（聖中心道肥田式強健術）

筋肉の発達を熱望した私は、鍛錬修養の結果驚くべき強力者となったサンダウの運動法に、自然多大の関心を持つに至った。（聖中心道肥田式強健術）

以上をまとめてみると、春充がサンドウの運動法を研究した理由は、

・当時社会的流行現象を生んだ程有名な運動法であったこと。
・逞しい筋肉と、強力な体力への渇望。
・運動法の基礎に解剖学があったこと。

ということになる。


こうして、強健術の四大要件の一つ、「筋肉の発達」という項目が誕生するのである。

それまでは、肉体全体あるいは腕、または脚を漠然と鍛えるという考え方はあったが、一つ一つの筋肉に負荷をかけて鍛錬し、それぞれの筋肉を発達させるという発想は、少なくとも日本には存在しなかった。

このサンドウの運動法も、日本でどの程度理解されたかは、疑問である。鉄亜鈴を使用するもの珍しさも

手伝ってか、大流行はしたものの、サンドウのようなビルドアップされたボディビルダー的な肉体を持つ日本人が誕生するのは、若木竹丸（一九一一〜二〇〇〇）が現れるまで待たねばならなかった。
しかし、その若木が著書『怪力法並に肉体改造体力増進法』（一九三八年　昭和十三年刊）の中で、春充とその強健術を、

川合春充氏の草案になる。氏は刻苦精励熱心なる斯道研究家なり。健康体を作るを目的とす。

と評していることは注目に値する。春充は、独特の強健術でボディビル的な肉体鍛錬とは一線を画したが、基礎としている考え方はサンドウのトレーニング法なのである。

若木竹丸（出典：怪力法並びに肉体改造体力増進法）

6　強健術に取り入れられたサンドウの方法

肥田式強健術の基本的な型のほとんどは、サンドウの運動法が原型となっている。それは、初期の強健術の型と、サンドウの運動法の型を比較してみれば一目瞭然である。

以下に、初期の強健術の型と、サンドウの運動法をやり方の解説は省略し、その型のみ比較してみた。それだけでも、サンドウの影響の大きさを充分に確認することが出来る。

サンドウ体力養生法

（図版は改訂増補　第六十四版
及び Sandow On Physical　Training 1984 より）

強健術練修法

（実験　簡易強健術の図版より）

（一）

1.

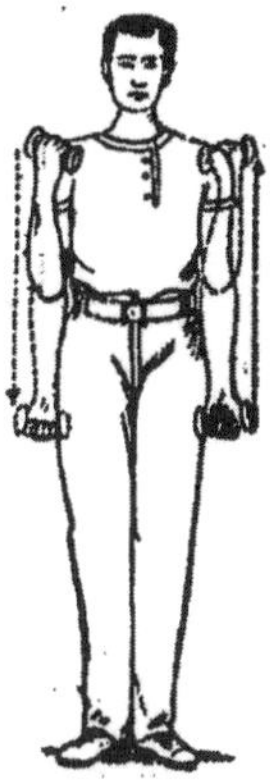

二頭膊筋
三頭膊筋

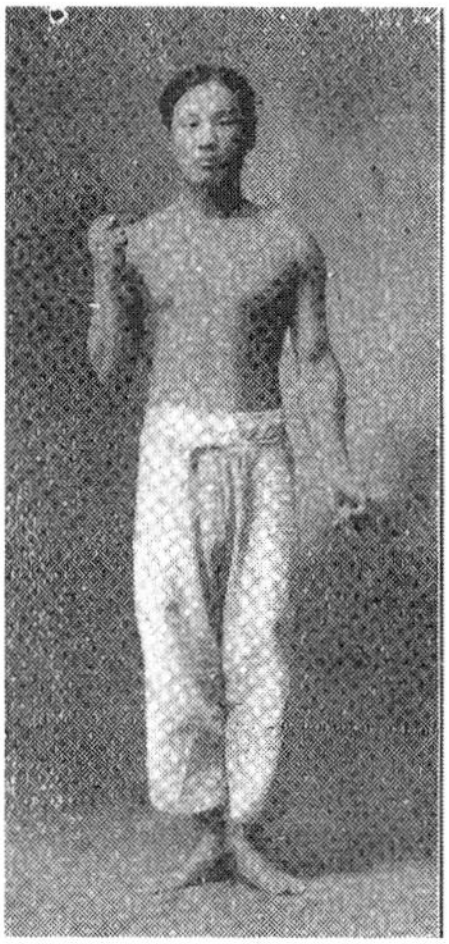

簡易強健術 第一練習法甲

（二）

2.

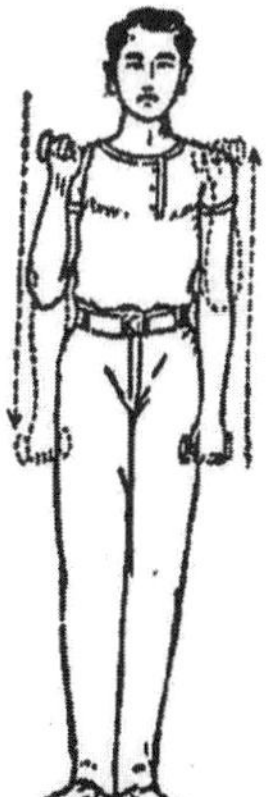

二頭膊筋
三頭膊筋

簡易強健術　第一練習法乙

(十一)

簡易強健術　第二練習法

(十八)

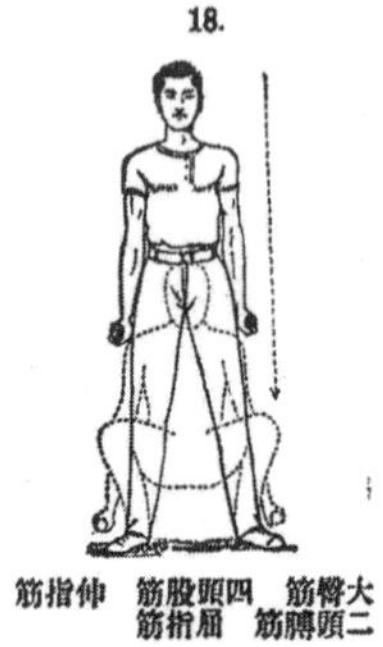

簡易強健術　第三練習法

(十六)

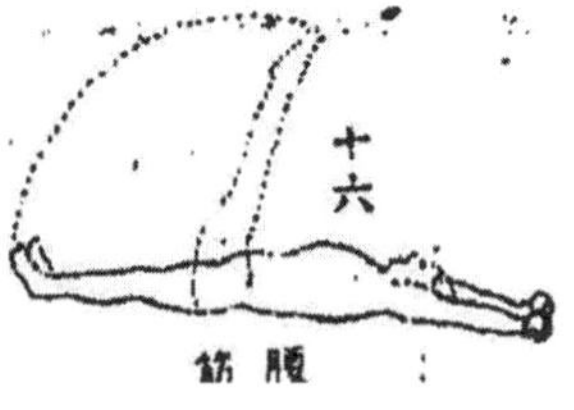

(この図版のみサンダウ体力養生法初版解剖図より)

簡易強健術　第八練習法

さらに、強健術の様々な原則もこのサンドウの運動法が基となっている。

その原則の一つに、手足の左右を使用する運動は、交互に行うというものがある。たとえば、処女作『実験　簡易強健術』においては、運動の注意に次のような一文がある。

運動を交互にして注意の集中をつとめ、かつ血行を阻止させないこと。（実験 簡易強健術）

この発想はサンドウの運動法から来たものであった。また、他の部分では次のように述べている。

彼（サンドウ　著者注）は運動が交互でなければならぬことを言っている。運動を交互にするということは、第一血液の循環を滑らかにする。（実験 簡易強健術）

筋肉の発達を第一の目的として、私はまずその生理的要旨について研究した。そして運動は、できるだけ交互でなければならないことに気がついた。（聖中心道肥田式強健術）

私が運動を交互的にしたのは、すなわちサンドウのこの精神を採ったのである。（実験 簡易強健術）

この「運動を交互に行う」原則の理由について春充は二点指摘している。

第一点は、交互に運動を行うことにより血液の循環を妨げることなく滑らかにすることとして、次のように解説している。

例えば私の強健術で上膊二頭筋練修法において、右前腕を折り曲げて、いわゆる力瘤を造った場合、左腕の方は、緊張させないから、その方に向かっての血行は阻止されておらない。（聖中心道肥田式強健術）

第二の点は、交互に運動を行えば精神の集中が容易になるからである。

そしてこれを交互にして個々の主要筋肉に運動を与える事にすると、精神をその一所に集中することができる。精神を一所に集中するということは、目的の筋肉を発達させる上において最も大切なことである。
（実験 簡易強健術）

この部分は、『サンダウ体力養成法』には次のように記されている。

サンダウの運動中注意すべきは、始終練習を交互にすることである。すなわち一方の腕また時としては筋肉の一組は、他が運動する間、しばらく休止をする。このようにするときは、体内血液の循環が良好になり、筋肉を同時に働かすことより優れている。

精神作用の伴わない運動は実に無用である。筋を発達させるものは脳髄である。（中略）各運動に精神を注ぐべきである。（サンダウ体力養成法）

これを見ても理解できるように、運動を交互に行う強健術の原則は、サンドウの原則をそのまま採用したものである。

しかし、これからさらに春充は一歩を進め次の原則を確立する。

身体の各部分にある主要な筋肉に、個々別々に運動を与えて一つ一つにその発達を促すのである。

（実験 簡易強健術）

私は幾多の研究を重ねた後、身体各部の主要なる筋肉に向かって、その筋肉の構成上最も自然的の方法を執って、個々別々に運動を与え、一つ一つにその発達を促すことが、最も有利であることを確かめた。

（腹力体育法）

これを春充は後に「一筋の緊張」と名づけるのであるが、さら次のようにも述べている。

主要の筋肉に個々の運動を与えたという一点は、彼（サンドウ　著者注）のより一層進歩したものと確

信する。（実験 簡易強健術）

私が運動法を交互的にしたのは、即ちサンドウのこの精神を取ったのであるが、さらに主要の筋肉に個々の運動を与えたという点は、彼よりも一層進歩したものと確信する。（心身強健術）

しかし、『サンドウ体力養成法』には次のような記述がある。

サンダウは解剖学研究の結果として、各個の筋肉に運動を与え、一筋が緊張するとき他筋を弛緩させることが身体発育の最良法であることを確かめたので、この方針を以て運動法を考案し、これより毎日十五分間ずつを特別の運動のために費やした。（改訂増補　サンダウ体力養成法　第六十四版）

これを見ると、春充が指摘した点はすでにサンドウの著作に取り上げられている。なぜ春充は敢えて、自ら考案した「一筋の緊張」がサンドウのものより進歩したものと考えたのであろうか。この点に関しては、この後春充が指摘するサンドウの運動法の欠点について考察する際に、改めて見ていきたい。

7　サンドウの運動法の欠点

春充は、筋肉の発達を目指してサンドウの運動法を熱心に行ったが、その結果いくつかの欠点が明らかになった。そしてそれを克服していく中に、強健術の原型と原則が生まれてくるのである。春充は、次のように感想を漏らしている。

けれどもやっている中に、幾多の意見が浮かんで来た。教えられる所も中々多かったけれども、だからといってそれを以て全然満足することはできなかった。（聖中心道肥田式強健術）

それは、どのようなものであったのか。以下に春充が指摘する具体的な欠点をみていきたい。

・運動数の多さ

まず春充が指摘するのは、サンドウの運動法の数の多さである。

その当時十八種あった、いまは増して二十種あるが、これでは数が多すぎてやり切れない。（実験　簡易

強健術）

事実『サンダウ体力養成法』初版では、運動数は全部で十八種類ある。

・運動の重複

またその運動法の中には、同じ筋肉の発達を目的としたものが含まれているのを無駄であるとした。

そしてその甲と乙において、運動するべき目的が重複している嫌いもある。たとえば第十五と第十六とは共に等しく腹筋の発達法であって、同一目的の運動を二回も重ねてその方法を煩雑にしたのは、私の賛同し得ないところである。また、その第一にて上膊三頭筋の運動をしているのに、何の必要あって両者の発達を同時にする第四の運動法を設けたのであるか。ことにこれは、彼の運動法の趣旨に反して両腕を同時に動かしている。第八も第九も、共に前腕および手首の運動である。どちらか良い方を取ったらよいではないか。こんな例はまだまだ沢山ある。（聖中心道肥田式強健術）

このように、運動法の重複を省いたのは、春充の運動に関する要件中最も重視していた第五の「運動に多大の時間を要しない」方針に深く関わってくる。運動から重複した無駄な部分を削り、運動時間を短縮することは、結果的に運動の永続につながる。この運動法の重複を取捨選択して必要最小限の運動法に変更していく方針は、この後他の運動法を考察する際にも強く意識されている。

・運動率の増加

「サンドウ体力養成法」においては、年齢、性別によって運動の回数、その運動回数を増やしていくことを定めている。これについても春充は次のように批判している。

運動回数が各々異なっている上に。その増加率が各々異なっていることである。これでは煩雑に過ぎて頭の方がまず疲れてしまう。運動は無我無心でなくてはならぬのに、こう頭を使うようでは、その効果を十分にすることができぬ。（実験 簡易強健術）

実際弱らされたのは、『運動率の増加』ということで、運動回数が各々異なっているから、ますます煩雑になって来る。運動の最高能率は、目的の部分に精神を集中して、しかも虚心淡懐、これを行うことによって始めて充分に挙げられるものであるにも係はらず、こう頭を使うようでは、その効果を十分にすることはできない。また、この運動率増加のために、ついには時間を非常に多く要するようになる。（聖中心道肥田式強健術）

実際『サンダウ体力養成法』によれば、十七歳以上の男子の場合、第一練修法（上腕二頭筋を交互に鍛える運動法）を最初は七ポンドの鉄亜鈴を用いて左右五十回ずつ行い、毎日五回ずつ回数を増加して行き百二十回まで増やし、そのまま六カ月間練修を続ける。次に鉄亜鈴を九ポンドに増やし、同様に五十回から百二十回まで回数を増加してやはり六カ月練修を行う。さらに、十一ポンド、十三ポンドの鉄亜鈴で同様の練習を行い、最終的に二〇ポンドの鉄亜鈴を使用して全練習を行えるようになれば、その力はサンダウ同様になること疑いなしであるという。

これは、わずかに第一練習法の運動回数の増加であるが、同様に第十八練習法に至るまでそれぞれ運動回数、回数増加の数が定められていて、確かに春充が指摘するように非常に煩雑であり、一々本を見返さなければそれぞれの運動法の回数を確認できない。そして春充は、これを実践して次のような感想を漏らしている。

増訂五十三版頃のは、大分よくなっているが、私もその初版のものに従ってやって見た頃には、規定通りにやると、どうしても一時間以上を費やさねばならなかった。（心身強健術）

これも先に見た春充の運動に対する五つの要求の中、最も重要視していた第五の要求、「運動に多大の時間を要しないこと」に大きくかかわる問題である。一時間以上の運動時間は、この春充の要求に反して運動の永続性を妨げてしまう。そこで春充は、鉄亜鈴の重量を増やして運動時間の短縮を図ることを試みた。

これでは堪らぬからと思って、ついに二十ポンドの鉄亜鈴を注文した。即ち鉄亜鈴の方で重さを増して、それでもって時間の節約を謀る心算であった。これは少々突飛な考えのようであるが、私はサンダウの示す所を真面目に守って、そして少なくともこれを永続しようとするには、こういう事でもして時間の節約を計る必要があったのである。（強い身体を造る法）

所が二十ポンドの鉄亜鈴など、甲州の山の奥にはある筈がないので石でこしらえるよう石屋に頼んで見たが、握る所が細いから石ではできないと言う。そこで工夫して、粘土を棒に塗りつけて自分で作って見たがすぐ壊れた。仕方なしに、わざわざ東京神田の安藤運動具店に注文した。さすがに安藤にも、その頃はいまだ、そんな大きな物は無かったと見えて、私の注文によって新しく鋳型を造ったと言って来た。三円五十銭ばかりかかったと思う。こんな研究的態度で、痩せこけた小男が、ウンウンと唸りながらやっているとは知ろう筈もなく、鬼のようなどエラいヤツじゃと、さぞやおったまげた事であろうな。

（強い身体を造る法）

『サンダウ体力養生法』改訂第五版では、「サンダウ体力養成法に必要なる鉄亜鈴は左記の三店において売捌《さば》けり」として、安藤商店、升水屋洋品店、見満津商店のタイアップ広告が掲載されている。これを見ると、安藤商店は神田神保町に所在し、一ポンドから十ポンドまでの亜鈴を販売している。そして十ポンド亜鈴は一円十五銭である。また、升水屋洋品店では、二〇ポンド亜鈴も販売しており、こちらは二円三十五銭である。安藤では新たに金型を造ったので、やや高めの値段になったのであろうか。

それにしても、春充の運動に対する研究態度の熱意、工夫には驚かされる。運動に時間がかかり過ぎて永続に支障ありと認めるや、負荷の重量を増して時間の短縮を図り、道具造り、入手に試行錯誤をする。このような実践的な態度が、独特の強健術を生み出す原点となっているのであろう。

しかしその結果は思わしくなかった。重い鉄亜鈴を使って運動すると、「胸部に異常の圧迫感を感じ、頭がフラフラし、併せて消化不良を起こした。」のである。二〇ポンドの鉄亜鈴で運動をした結果「頭がボウッとしてくる」、「食前、食後に行って、すぐさま下痢をもようした」こともあった。

さらに、春充は『腕力養成法』という本に出ていた、重い棒を両腕で振り回す運動法を試みて、次のような感想を漏らしている。

これは簡単で面白いと思って、大工と鍛冶屋を頼み、棒の中へ鉄棒を入れたものを作らせて杖として、持ち歩きながら振り回すことにしたが、その欠点は脳に異常を来たすのと、胸部に圧迫を覚えるのと、それから、書名の示すように腕の外は発達を促さないことを認めてこれは間もなく廃止した。

（実験　簡易強健術）

ここでも、運動の簡単さによって「運動に時間を要しない」要求を追及し、鉄芯を入れた棒を工夫して実際に試みるという理想の運動法に対する熱意がうかがえる。ところが、「サンドウ体力養成法」と同様の身体異常が発生してしまうのである。

これは、一人春充のみに起こった現象ではなかった。当時大流行していた『サンダウ体力養成法』は、同様の弊害を巻き起こし、社会問題ともなっていたのである。次のような記事がある。

重い鉄亜鈴の使用のために心臓を過労し、もしくは運動が過激なため、脳に異状を起こしたという者が少なくない。現に東京府下の某学校においては、はげしくこの法（サンドウ体力養成法　著者注）を用いたため、肋膜に故障を生ずるものが多いので、このようにしてなった病を「サンダウ」肋膜と称することになったということである。（強肺術）

8　鉄亜鈴の廃止

このような事情により、春充は二〇ポンドの亜鈴の使用を中止する。そして次のような意見を述べている。

実験と研究との結果、亜鈴の重いのは、内蔵機関に障害を来すばかりでなく、筋肉の発達から言っても、十ポンドで二十回運動するよりも、五ポンドで四十回運動する方が、遥かに遥かに有効なことを確かめた。（実験 簡易強健術）

その中に、過激の運動によって、いわゆるサンダウ肋膜炎にかかるものが頻出し、またサンダウその人も、いまだ壮年にして夭折したことを聞いたので、重い鉄亜鈴の使用はことごとく止めて、ついに三ポンドのものを求めてこれを試みた。すると、伸々した楽な自然の発達を促す心持ちがした。（聖中心道肥田式強健術）

こうして春充は、重い鉄亜鈴で少ない回数の運動を行うより、軽い鉄亜鈴で多くの回数の運動を行う方が、筋肉の発達にも内臓への影響も少ないことを体験より発見するのである。

しかし、これでは当初の目的である「運動に時間を要しない」要求を満たすことができないという矛盾が生じてしまう。この問題の解決に至るのは、さらに後のこととなる。ここでは、運動の煩雑さの解消、時間の短縮のため、重い鉄亜鈴を使用した。しかしそれは筋肉の発達には役立ったが、肺、胃腸、脳等の内臓器官に悪影響を与えるので、軽い鉄亜鈴を使用するようになったという事実を確認しておくだけに止めておきたい。

9　ローミュラーのハンカチーフ運動法

こうしたサンドウの運動法の欠点を補完すべく、春充は次の運動法を模索する。そしてやはり当時流行していた運動法に着目するのである。

私は筋肉の発達に次いで、内臓を強くする方法を考えねばならぬと思った。これは、内臓の弱かった私にとっては当然の要求で、かつまたサンドウの運動に一時傾倒して、しかもその最短所を発見したからでもある。（実験 簡易強健術）

こうして強健術の「四大要件」の一つ、「内臓の壮健」が生まれる。そして、サンドウの運動法に欠けている内臓を健康にする方法を次の運動法に見出す。

私はこの要求からして、まずローミュラーの運動法を研究してみた。ローミュラーの運動法と言えば、ほかでもない例のハンカチーフ運動法である。（実験 簡易強健術）

私はこう言う考え（内臓を健康にする目的　著者注）から、まずローミュラーのハンカチーフ運動法をやって見た。手拭の両端を指頭に挟んで、色々な体操をやるのであって、その方法が二十余種類ある。
（聖中心道肥田式強健術）

ローミュラーの運動法とは『ローミュルラ氏　手拭運動法』杉岡月輝、森川克己共著大学館明治三十六年発行のことである。この書の序によれば、ドイツ ベルリン発行の週間雑誌『Die Woche』第四年 第29号（明治三十五年七月十九日）に掲載されたH.Lomuller氏の『Gimnastik mit dem Handtuch』を訳出し、これに訳者が実験と補修を加えたものであるという。この運動法を実践した春充の感想は次のようであった。

『ローミュルラ氏手拭運動法』表紙

これは、軽快なやり方で内臓機関に圧迫を与える心配はないが、一々手拭でやるのだから、姿勢の安定を欠き易くかつ棒と違ってちょっとでも手を緩めることできない。始終これを、張っていようとするところに、不断の注意が必要で煩わしくなった。それに数も多過ぎるので、間もなくやめて仕舞った。（聖中心道肥田式強健術）

私はこの安定を欠く不愉快と、数が多すぎて暗記に不便であるとの二点からして、ローミュラーの運動法は一つも採ることができなかったのである。（実験 簡易強健術）

ここで、春充が問題にしている点の一つは、ハンカチを緩めることができないので、注意力が分散されてしまうということである。この点は、一つ一つの筋肉に精神を集中するサンドウの運動法のほうが優れている。またもう一点は、運動が煩雑すぎて記憶に不便であるという点であり、これはサンドウの運動法と同様であり、「運動に時間を要しない」という要求からも外れている。

この書はわずかに、七十三ページしかない小冊子であり、簡単に運動法を紹介するのみで、なぜそのような運動法になったのか、あるいはその運動法の効果などについては、ほとんど解説されていない。しかし、春充はこの運動法の長所として、一、趣味あり、二、簡単にして過激ならざること、三、普及するに足るべき事、の三点を挙げている。

この二点目の〝過激ならざること〟という項目は、恐らく当時広く問題になっていたサンドウの運動法の弊害がないということと考えられる。このような理由によってか、この書は発行のわずか二ヶ月後に再販を出すほどに売れている。春充がこの書に注目した理由の一つには、サンドウの時と同様に、ベストセラーであり、容易に知ることができた運動法であることが大きいだろう。そして最終的には、この運動法を廃止するのであるが、この運動法中のいくつかの運動法は後に生み出される「強健術」中に取り込まれていくことになる。

10　ベークマンの強肺法

ローミュラーの運動法の欠点を見出した春充が、次に注目したのはベークマンの運動法であった。

私はローミュラーの運動法を以上の理由によって捨ててしまってから、さらにベークマンの運動法を実行して見た。ベークマンの運動法は、一に『強肺法』と言われている。これはローミュラーと違って、棒をもってやるのであるから、姿勢の安定を保つと言う点において、彼のやるハンカチーフ運動法より遥かに優っている。すなわち姿勢に安定をあたえ、また頭脳を多く用いないで済むと言う点において、その操練が彼れよりも愉快であった。（実験 簡易強健術）

この運動法は、パウル・フォン・ベークマン（Paul von Boeckmann）著『強肺術（最新体力養成法）』（Lung and Muscle Culture）文明堂明治三十六年刊に出てくる運動法である。この書は奇妙なことに、訳者の名前がどこにも記されていない。ただ、この書の付録「強肺術に対する新聞雑誌の批評」に「訳者は杉村縦横氏なるべし（署名はなきも）」とか「新仏教の杉村君かと思われるが」と記載されている。そして偶然著者は、この「強肺法」が楚人冠全集第十五巻に収録されていることを見出し、新聞記者、随筆家、俳人として有名な杉村楚人冠（本名　杉村廣太郎一八七二～一九四五）が訳者であることを知った。

楚人冠はその序に、生まれつき虚弱体質であった上に、一昨年冬に重大な病気に罹り、たまたま出会ったこの本のとおりに実行してみたら、一年と立たずに健康になったので、是非この本を世に広め人助けがしたいと思い立った。これは、決して金銭欲や売名としての行為ではないと述べている。それであえて訳者名を記さなかったのであろう。

この書を読んで、春充は次のような感想をもらしている。

> ボエツクマンの運動法を読んで嬉しく思ったことは、この種の書類が単に方法と効果だけしか説いていないものが多いのに、彼の説明が大変学理的である。私が彼に学んだところのものは、運動に対する学理的会得である（実験 簡易強健術）

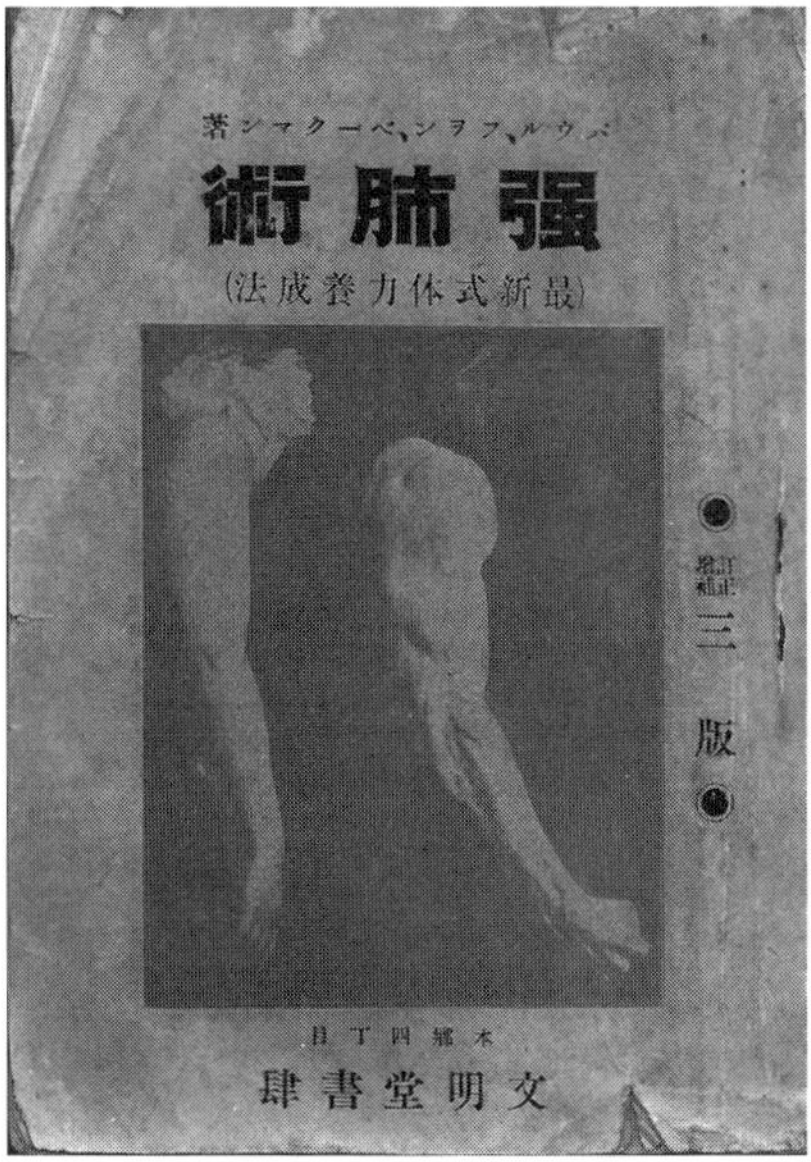

『強肺術（最新体力養生法）』表紙

春充の感想のとおり、ベークマンの書は非常に懇切丁寧であり、また学理的である。先に引用した『サンドウ体力養成法』は、前半は武勇伝の読み物であり、後半の運動解説は単純にその方法を羅列しているだけである。確かに解剖学的な解説もあるが、それは最後の付録の全身筋肉図と、どの運動法がどの筋肉を鍛えるかを図示している部分だけである。さらに『ローミュルラ氏手拭運動法』になると先に指摘したとおり、運動の方法を解説しているだけの極めて簡単なものである。

これらに比較すると、この著作ははるかに親切である。著者ベークマンは恐らく医師であり、運動法を解説するまでに肺を始めとする内蔵の健康と鍛錬が体表の筋肉の鍛錬よりも重要であることを、解剖学と、自身の実践体験、多くの実験結果を例示して解説している。そして、訳者楚人冠は、所々に注釈を差し挟み、それが海外の最新の体育事情であったり、東洋の養生法との比較であったりなど、わずか二〇〇ページほどの小冊子にしては、その情報量は非常に濃密である。

恐らく春充は、この書に生きた解剖学、生理学の応用を見たことであろう。そしてそれらを、自らの身体を通して実証する態度、あくまで客観的、合理的であろうとする態度に深い共感を覚えたに違いない。また、訳者楚人冠の訳は、日本の実情にあった適訳を行い、書評でも「訳文平明なり」とその訳が的確で理解しやすいことを評されている。そして、訂正第二版では読者からの質疑に答え、自身で解決できない点は、直接著者ベークマンに書面を送って回答を得るなど、非常に良心的な対応をしている。先にも触れたように、身体の細胞がすべて七年で入れ代わるという記述があるのもこの書なのである。また、サンドウ養成法と、ベークマンの強肺法、それぞれの長所と短所を詳細に論じているのも、この書の特徴であり、多くのサンドウ運動法愛好家と同様の身体不調に悩んだ春充に取って、得るものは少なくなかったはずである。

さらにこの書の重要な点は、訳者 楚人冠が注釈において東洋の仙道や禅家で用いられている養生術の吐納法、いわゆる調息法と、ベークマンが解剖学的に解説している横隔膜呼吸とを比較し、氣海丹田を解剖学的にどう解釈できるかを医学的に解説している点である。

これは後に春充が、西洋の体育法の長所と、東洋の養生法の長所を組み合わせて、理想的な強健術を創造しようとした発想、及び強健術における〝正中心〟の概念形成に多大な影響を与えており見逃すことはできない。この点は、後に〝正中心〟を考察する際に詳細に分析することにしたい。

11　ベークマンの欠点

ベークマンの運動法は、徒手で行うものと一本の棒を持って行う方法があり、それによって肺及び内臓、筋肉を鍛えるものである。これについて春充は次のように評している。

彼の運動法の趣旨は、呼吸法と筋肉の発達を兼ねると言う点にあるので、息筋調和とでも言おうか、彼が内臓の壮健法に意を注いでその方法を立てたことは、確かに卓見と言ってよい。（実験　簡易強健術）

しかし、ベークマンの運動法は、一つの運動で同時に筋肉と肺の両方を鍛えようとするものであった。これは、春充が受け入れることのできるものではなかった。

内臓と筋肉とを同時に働かして、両者の効果を一時に収めるよう棒をもってその運動を助けるというのであるが、私はこの二つの目的を同時に達しようとする主意に全然賛成することができないのである。

（実験　簡易強健術）

その学理的趣旨は、私の大いに賛するところであるけれども、その実際方法に至っては、随分窮屈なものがある。棒を高くかざして反身になって、思うさま筋肉を伸ばして運動しつつ、呼吸法をとるような姿勢はかなり無理である。この運動は、筋肉の運動としては効果があろうが、それと同時に呼吸を大きくすることが、どうしてできようか。反身になって力を入れれば胸部は拡張したままで、肋骨に余裕を与えることができない。それで、呼吸法を行わせるというのは望ましいことではないと私は考えた。（聖中心道肥田式強健術）

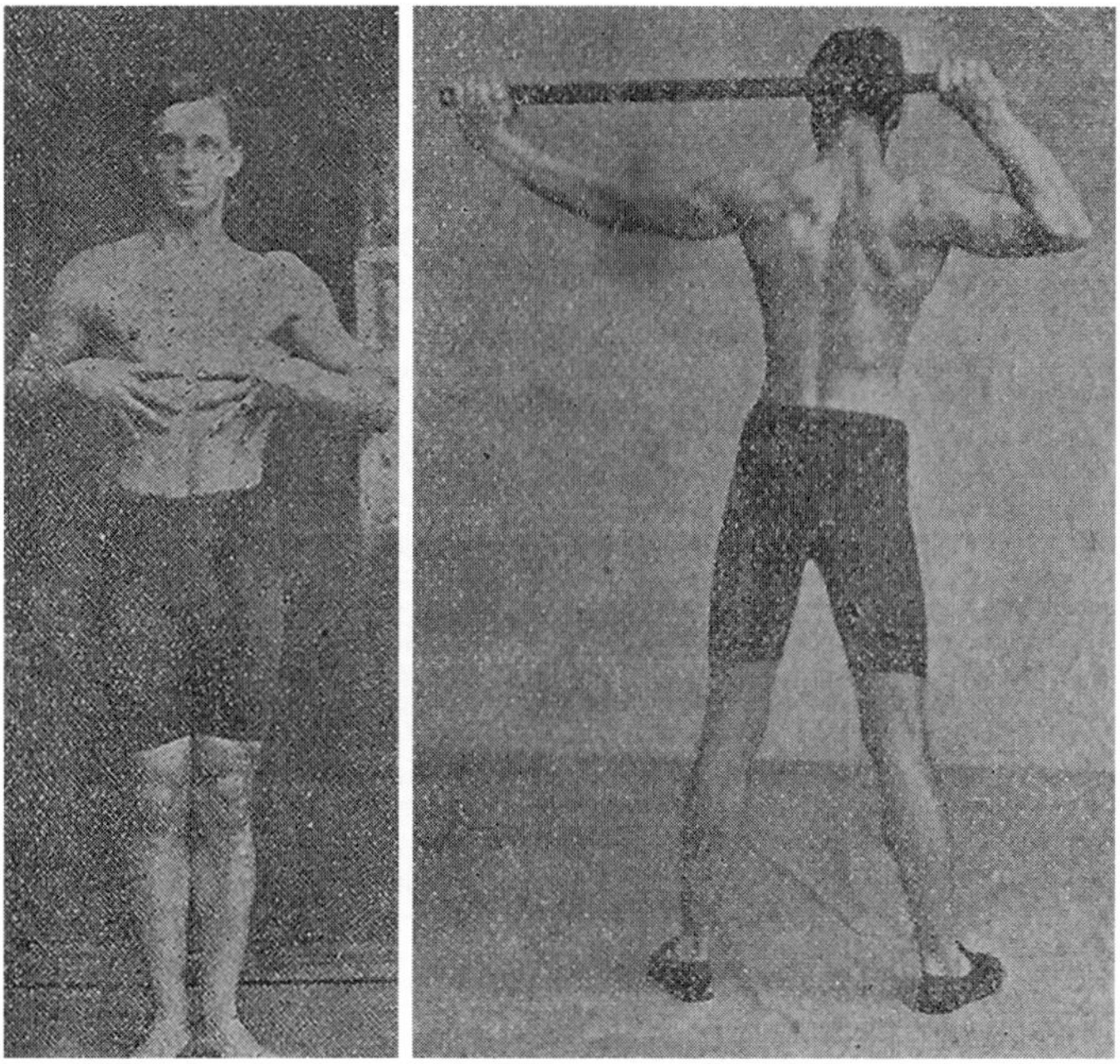

ベークマン徒手（左）と棒（右）の運動法 (出典：強肺法)

すなわち、二つの目的を同時に達しようとして勢力を二分することは、その効果を十分にするところではないと私は思った。この点においてはむしろ、サンドウの運動を交互にするという主旨の方が優っているので、私はボエツクマンについては、運動に対する学理的研究という点だけを学んで、その方法はとらなかったのである。（聖中心道肥田式強健術）

また、ベークマンの運動法は、すべて胸式呼吸で行う。この点についても、春充は次のように批判している。

なお彼は、横隔膜呼吸の有利な事を認めていながら、その社会に発表したラングカルチユア（強肺法著者注）なるものは、どういう訳で胸式のみであるのだろうか。（心身強健術）

以上のように、ベークマンの運動法について春充は、

1、筋肉と肺臓を同時に鍛えようとしている。
2、運動の姿勢に無理がある。
3、横隔膜呼吸の有用性を謳いながら、運動法は胸式呼吸で行う。

の三点が欠点であるとして、その運動法を全面的に採用することはなく、その学理的な研究態度のみを採用することにした。

しかし「ローミュラル氏　手拭運動法」と同様に、その運動法の一部は強健術の中に取り込まれることになる。また、〝学理的研究〟のみ学んだと簡単に記されているが、先に指摘したとおり、その影響は強健術の根本的な考え方に及ぶほど大きなものがあったのであるが、それについては後に詳述したい。

12　エリザベスタウンの神経叢覚醒法

次に春充が着目したのは、『エリザベスタウンの神経叢覚醒法』というものであった。

私はさらに、エリザベスタウンの神経覚醒呼吸法というものをやって見た。これは胸式呼吸をやって空気を吸い込んだ時に、息を止めて『神経叢よ、覚醒せよ』と観念し、それから息を吐き出すのである。
（聖中心道肥田式強健術）

この呼吸法は、先に触れた『強肺術』書中に、〝「強肺術」第七版の後に書す　内観の秘訣と「太陽神経叢の覚醒」と題されて、紹介されているものである。翻訳者楚人冠は、この呼吸法について次のように述べている。

強肺術の第五版がまさに公にされようとする時、たまたまこの本の訳者は米国の一女記者エリザベス・タウン嬢の著「いかにして太陽神経叢を覚醒すべきか」（Just How to wake the Solar Plexus）と題する小冊子を得た。（中略）この書に説く所によれば、ある特殊な呼吸に熟練すれば、単に肉体の上に著しい効果をおよぼすだけではなく、またその精神作用にも著しい変化をおよぼして悲哀、恐怖、失望などは拭うように去って、これと同時に快活、勇敢、忍耐の徳を養うことができるとしている。

（楚人冠全集第十五巻）

その具体的な方法は、次のように記されている。

両腕をのばし、枕を使わず仰臥せよ。この際一切の想念を捨て去って、全身すべて虚空のようにイメージすることを要する。このようにして徐々に鼻より息を吸い、十分肺臓に空気が満ちたら一二秒の間息を止め、その後突然吸った空気の全量を肺臓の上部に押し上げるようにする。こうして休むこと一二秒にして、次には突然その押し上げた空気を肺臓の最下部に投げ下ろすようにし、これと同時に心の中で「太陽神経叢よ、覚めよ、起きよ」というように観念する。この手順が終わったら、ゆるやかにその吸い込んだ空気を吐き出す。（楚人冠全集第十五巻）

楚人冠は、興味深いことにここでも、この「呼吸法」と「東洋の養生法」の類似を指摘し、発案者エリザベス・タウンに、東西呼吸法の一致していることを手紙で知らせている。これに対してタウンは、「自己の経験より得たるこの呼吸術が昔より東洋に行われいることを知りて大いにこれを喜」んだということである。

この「神経叢覚醒法」について春充は、次のような評価を下している。

仰臥するというのと全身に力を入れないという点だけは、僭越ながらよく気がついたと感服する次第であるが、胸式のみで腹式のないのと呼吸を止める事は一大欠点と言わねばならぬ。（実験 簡易強健術）

ここで春充が評価する、〝仰臥して呼吸法を行う〟点は、後に春充が考案する「呼吸操練法」に採用されることになる。

また、呼吸法を仰臥して行うことは、すでに『強肺術』の中で楚人冠が、詳細な注釈を施している。これによれば、ベークマンは横隔膜呼吸の重要なことには言及しているが、その具体的な方法については解説していないので、その簡易な方法を解説したいとして、横隔膜呼吸を四段階に分けて解説している。

その一段階目が、仰臥した状態で行う呼吸法である。仰臥姿勢をとる理由を、楚人冠は「いかなる人にも、横隔膜呼吸の最も行われ易いのは、仰臥した時である」からとしている。

そして、仰臥式に慣れたら、次に「正座式」を行い、次に「直立式」、最後に「歩行式」を行うべきであるとしている。

このように、楚人冠は仰臥して行う呼吸法を、横隔膜呼吸を助けるものとして位置づけているにもかかわらず、エリザベスタウンは、胸式呼吸を取り入れていることを、春充は不満とした。さらに、ベークマンの強肺法では、止息は禁止されているのに対して、エリザベスタウンの呼吸法では、息を止めることにも、同意することが出来なかった。

13　観念と体育の分離

さらに春充は、エリザベスタウンの呼吸法において、呼吸と同時に「太陽神経叢よ、覚めよ、起きよ」と心に念ずることにも大きな疑問を持った。春充は、次のように述べている。

観念と体育ともまた別にしてやりたいと、私は考えた。観念によって、妄想を抱き強いて精神をもって身体を支配しようとしても、身体の弱い者や神経の衰えたものは、かえってそれがために頭脳を苦しませるものである。（実験 簡易強健術）

体育に観念を併用して体躯を使役した上に精神までもいじめることとは、私の賛同しえない所である。（中略）体育は、純粋な体育でありたい。体育それ自身で、十分に体育の効果を挙げ得るものでなければならないというのが、日々必ず実行せんとした私の要求であった。（中略）だから一定方式のもとに何の考えもなく機械的に、パッパッとやって行きさへすれば、それで体育の一切は完了し、それがつもりつもれば、知らず知らずの中に体躯が完全発達して行くという様なものでなくてはならない。

（聖中心道肥田式強健術）

ここで述べられている、「運動と観念の分離」は、強健術における一大特徴であり、後に発案される「天真療法」にも敷衍、応用される重要な要素である。

春充が、こう考えるようになったのには、当時流行していた観念や内観などの精神修養を実践し、その困難なことを痛感していたからである。

修養を積んだものならともかくも、内観の工夫などは我ら凡人のたやすく出来る業ではない。こんな余計なものを体育と平行させせて、体躯を使役した上に精神までいじめるのは不都合である。こういう自分も観念だか野狐禅だか知らないが、精神の統一のためにはずいぶん苦しんだ。炭俵のカラを樹上にくくりつけて、幾夜かその上に坐したこともあるが、しょせん下根の我々はかえって煩瑣に陥り易いことを悟った。（実験 簡易強健術）

私は決して、精神修養や観念や信仰を排斥するのではない。我々のごとき普通人は、虚弱な体躯をかかえて坐禅や観念に耽るよりも、強健体躯を鍛錬した方が近道であり、確実であるというのである。体育は体育のみを目的としてやりたい。（実験 簡易強健術）

私は病弱な少年時代、富士北麓のあばら屋において寒気身にしみる冬の夜、こたつにあたりながら、老父からこの話（白隠禅師の内観法　著者注）を聞かされたことを今に記憶している。そして自己の病弱を回復する希望をもって、この観想を試みたこともあるけれども、精神の集注統一が出来ないために寸効をも見ることが出来なかった。（山荘随筆）

先に述べたサンドウ体力養成法においても、「運動を交互に行う」ことと、「一筋を緊張」させるという原則は、その鍛練している部分に「精神」を集中させる利点があるとしているが、このような意識の使用法も後の強健術では否定される。

こうして、完全に運動と観念、精神集中を分離した強健術ではあったが、最終的に、純粋に肉体をコントロールすることだけにより、機械的に精神を支配することに至ることになる。そしてこれは、「八大要件」の「精神の平静」にも重大な関係を持つ。これ等については、後に詳細に見て行きたい。

14　ウィーンブルフの椅子運動法

次に春充が、関心を持ったのは「ウィーンブルフの椅子運動法」であった。これは、『ウィーンブルウ氏簡易体力養成法』津田房之助、高見澤宗蔵編　大学館明治三十六年刊に紹介される運動法である。

この書は、『ローミュルラ氏　手拭運動法』と同じ「大学館」が発行している。『ローミュルラ氏　手拭運動法』の体裁が、ドイツで発行された雑誌記事に、訳者の実験と補修を加えたものであるのと同様、この書は、アメリカで発行されている雑誌、新聞記事を編者が編纂したものである。

ウィンブルフ、本名「ハリー・ベンネット・ウィーンブルフ」は、明治三十五（一九〇二）年に、「イブニング・ジャーナル」社主宰の「体格競争試験」において優勝し、その体格の見事さをサンドーに絶賛された人物である。

またこの書は、『ローミュルラ氏　手拭運動法』と同様に、運動法の紹介は非常に簡潔であり、運動法の生理的、解剖的解説はほとんどない。このことについて、春充は次のように述べている。

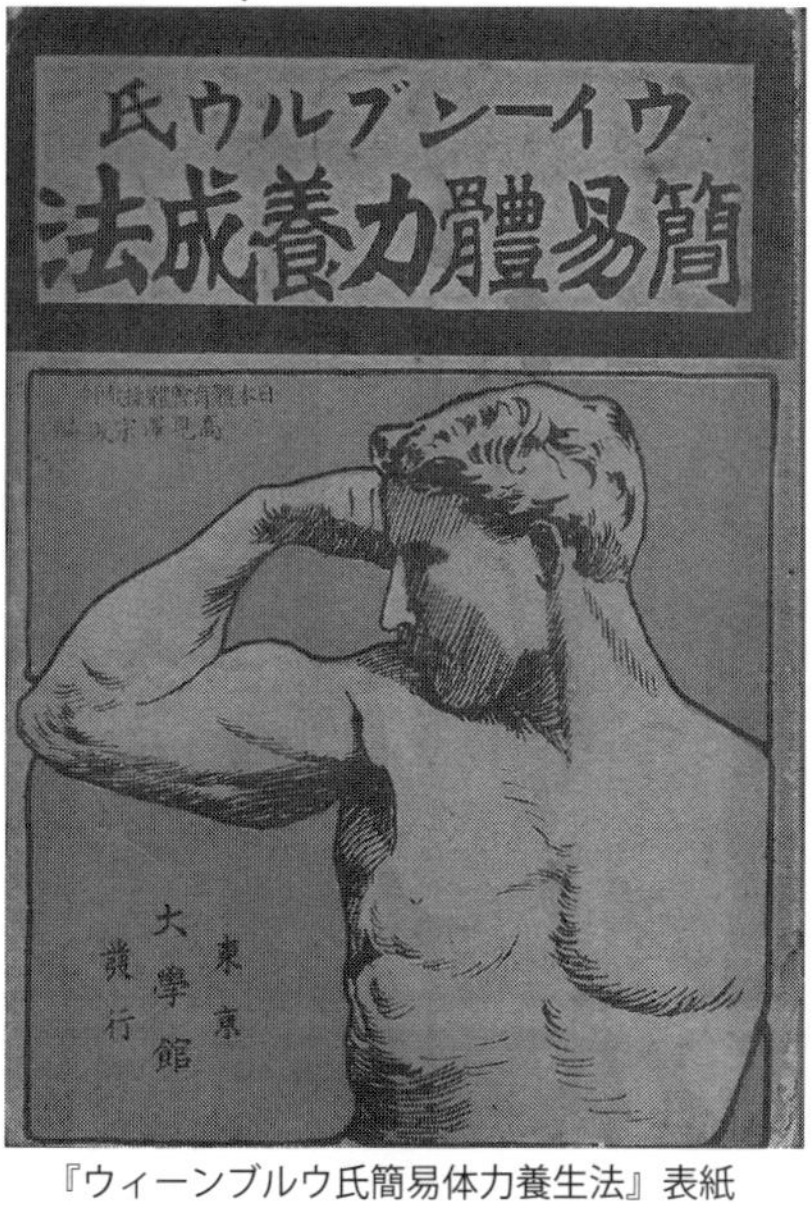

『ウィーンブルウ氏簡易体力養生法』表紙

ウイーンブルフの運動法というのは、いわゆる『椅子運動法』で、その方法はわずかに三種類しかない。（聖中心道肥田式強健術）

しかし惜しいことには、その運動法に対して学理的説明というものを一言も発表していない。（腹力体育法）

そのような物足りなさを、感じてはいたが、ウィーンブルフの運動法には次のような優れた点もあった。

1、運動法が三種類しかないことは、春充の運動に対する要求の「運動に時間を要しない」ことに適っている。また、椅子あるいは台のような物があれば運動が可能であり、道具をほとんど必要としない。

2、ウィンブルフはこの運動により持病のリューマチスを克服し、サンドウも称賛する程の体格美、全身の筋肉の発達を得た。

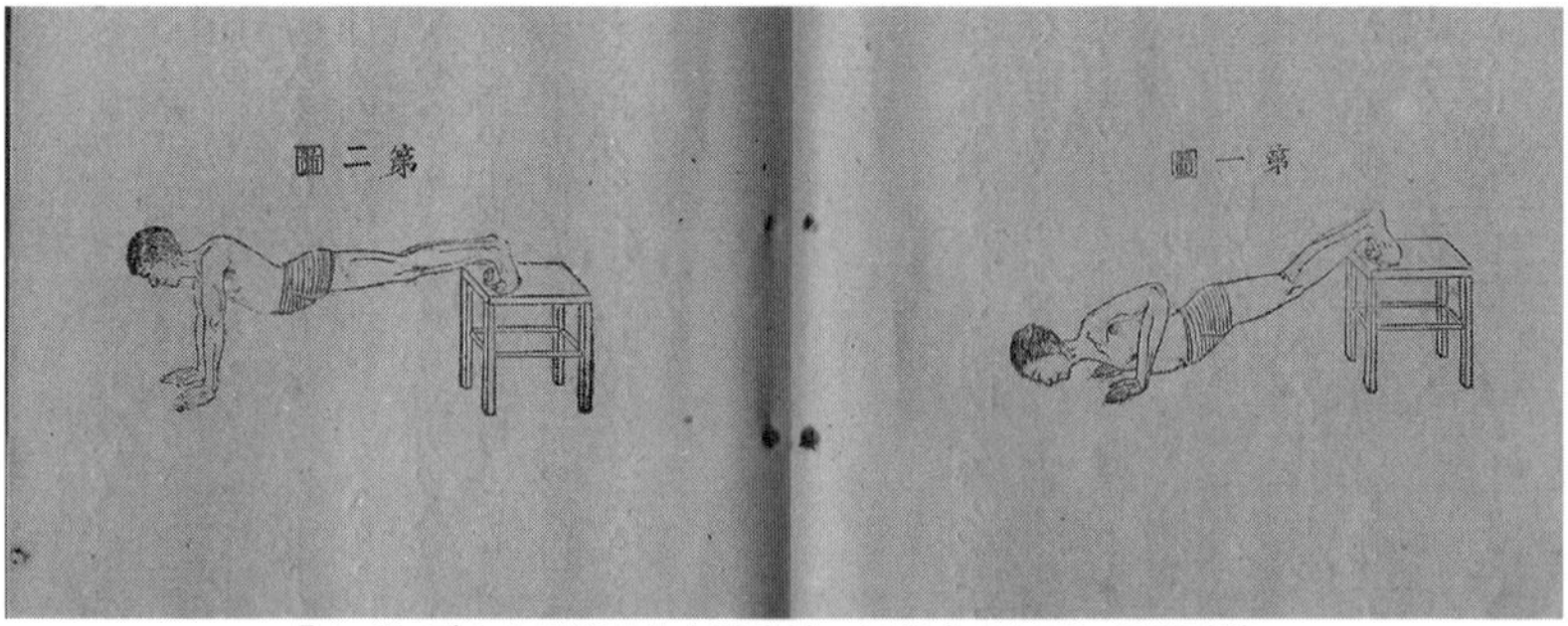

『ウインブルウ氏簡易体力養生法』に紹介されている運動法

第一点目の特徴は、春充の肯定するものであったが、その運動法に様々な無理があり、そのままの形で採用することはなかった。しかし、この運動法の一部は改良されて、強健術の重要な運動法の一つとなる。そして第二点目の特徴は、春充の強健術の「四大要件」の一つ「体格の均整」へと発展することになる。

春充は、以上の点を踏まえて次のようにウィンブルフの運動法を評価している。

私は体格美への憧憬から、このウィーンブルフの椅子運動法を採択したのである。しかも採択したとは言え、彼の体格均整法は、私の筋肉発達法の要旨とはその趣旨を異にしている。彼の三種の運動法中には、無用無意味と思われる箇所さえある。ある二個の目的を同時に達しようとした点もある。これは私の運動法の原則と相容れぬものであるから、私はその方法の長所をとってこれを採用したのである。

（腹力体育法）

15　動作の敏活

以上「筋肉の発達」、「内臓の壮健」、「体格の均整」の三種の要件を満たす運動法を見出した春充は、更なる要件を加え自身の強健術をより完璧なものにしようと考え、次のように語っている。

私の運動法の最後の要件は『動作の敏活』ということである。内蔵も強壮であり、筋肉も良く発達しており、かつまた体格の美しい人であっても、もしその動作が遅鈍であって、暗所にぐずぐずする牛の様では、体育の目的として充分ではなものとは言えないのである。（心身強健術）

動作を敏活にするにはいかにするか。春充は、脚に注目する。

さて動作を敏活にするにはどのような事をしたらよいか、言うまでもなくこれは『脚』の問題である。脚は身体の根基であって、上体の働きはそれに伴うのである。剣道、柔道にせよ、舞にせよ、踊りにせよ、またはダンスにせよ、すべてて敏捷な働きというものは、ただ『脚』の動かし方自体にあるので、これを忘れ去ると、頭のみ発達した幽霊人物となるのである。そしてまた脚の働きを活かすことは、動作を敏捷にするばかりではなく、また実に頭脳を冷静にするの近道である。（腹力体育法）

そして、動作の敏活と鍛え上げた肉体を兼ね備えた先人の運動法に着目するのである。

約四〇〇～六〇〇キログラムの鉄棒を自由自在に振り回すという、偉大な腕力家のルシファーは、その体躯の軽いことまるで鳥のようで、約三メートルの高さに吊るされた球を、飛鳥のように飛び上がって叩き落としたということである。（実験 簡易強健術）

働きの敏捷ということで思い出すのは、サリヴァンとコーベットとのボクシングの勝負である。コーベットは手足の働きを敏捷にするために、軽い羽の様な鞠を受けて練習していた。いよいよ試合となると彼の科学的に割り出した絶妙の早業は、敵の眼をくらました。そしてサリヴァンが猛烈にパンチしてくるのを、ほとんどその影も見せぬように身をかわして、ついに──十五年の長い間ボクシング界の帝王として光栄あった大選手を打ち倒した。私はこの話を聞いて、非常に愉快を感じたのである。（心身強健術）

コーベットは、どうやってこのように体躯を鍛えたかというと、彼は羽毛で造った球を吊るして、それを叩いたり蹴上げたりして、それが再び地上に落ちて来ない前に、かつのその行方を見失はない様に、最も敏活に体を働かし叩いたり、蹴上げたりして練習を励んだのであった。（聖中心道肥田式強健術）

春充が引用している試合は、一八九二年九月七日にアメリカ　ニューオリンズで行われた「世界ヘビー級タイトルマッチ」のことである。この試合は、それまで素手で行ってきたルールを改訂し、グローブ着用などを義務付けたクインズベリー・ルールで戦われた初のボクシング試合として、ボクシング史に残る有名な試合である。

ここで登場するサリヴァンとは、ジョン・L・サリヴァン（John Lawrence Sullivan　一八五八～一九一八）という名のアメリカ出身のヘビー級プロボクサーであり、素手で殴り合ったベアナックル時代最後の、伝説的な初代世界ヘビー級チャンピオンである。彼の最終的な戦歴は、四十五戦四十一勝三十三KO一敗三引き分けであり、唯一の負けをこの試合でコーベットに期するのである。

一方コーベットとは、ジェイムス・J・コーベット（James John Corbett　一八六六～一九三三）というやはりアメリカ出身のボクサーである。彼は、銀行員からプロボクサーに転向したため、通称「闘う銀行員」と呼ばれておりまた、非常に礼儀正しかったので、「ジェントルマン・ジム」とも呼ばれていた。また、このニックネーム「Gentleman Jim」（日本名「鉄腕ジム」）を冠した、コーベットがサリヴァンと闘うまでを描いた映画も、ラオール・ウォルシュ監督によって一九四二年に作製されている。

それまでのボクシングのスタイルは、「スタンド・アンド・ファイトスタイル」と呼ばれ、その場で対戦者同士が、立ち止まったままどちらかが倒れるまで、殴り合うというスタイルであったが、コーベットは全く新しいスタイル、即ち「アウトボクシングスタイル」をボクシングに持ち込んだ。それは、足を使った軽快な「フットワーク」と「ジャブ」を使い、打っては離れ、離れては打つ「ヒット・アンド・アウェイ」を基本とした戦法のことである。

この戦法で、コーベットはサリヴァンを翻弄して二十一回戦中三度のダウンを奪い、見事サリヴァンをKOするのである。この試合より、ルールだけでなく、スタイルも含めて、ボクシングの近代化が始まったと言われている。そしてコーベットは、「近代ボクシングの父」とも呼ばれている。春充は、このコーベットの「フットワーク」に、「動作の敏活」のヒントを得たのである。

コーベットは、自ら編み出したこのスタイルを、『Scientific boxing　together with hints on training and the official rules』（「科学的ボクシング　並びにトレーニング心得及び正式ルール」）と題した本において、詳細に解説している。この中で、コーベットは「フットワーク」についても触れている。彼は、「フットワークは、近代ボクシングにおいて最も重要な要素である」と述べているが、春充が記しているような「羽毛の球」を使用した練習法については触れていない。

サリヴァン（左）とコーベット（右）（出典：Scientific boxing）

このコーベットの「羽毛の球」を使用した練習法と、一丈（約三m）の高さに吊り下げられた球をジャンプして叩き落としたというルシファーという人物の逸話は、どこに出てくるのか不明であるが、春充はこれらの逸話より、強健術を編み出す。

私が第十練修法に『蹴上げ』の一則を置いたのは、すなわちコーベットに学んだところのもので、私は彼の運動法によって体躯を敏捷にするように体勢の変化ということを科学的に会得したのである。

（聖中心道肥田式強健術）

後に解説するが、初期の強健術及び「気合応用強健術」の中には、脚を蹴り上げる「蹴上げ」の練修法が含まれる。この練修法のヒントになったのが、コーベットの練習方法であり、これによって「四大要件」の最後の要件「動作の敏活」を満足させる運動法が見出されるのである。この春充の編み出した強健術に、近代ボクシングのフットワークの技術が影響を与えているという事実は、春充がいかにアンテナを張り巡らせ、洋の東西を問わずに優れたものを貪欲に取り入れているかを垣間見させ非常に興味深いものがある。

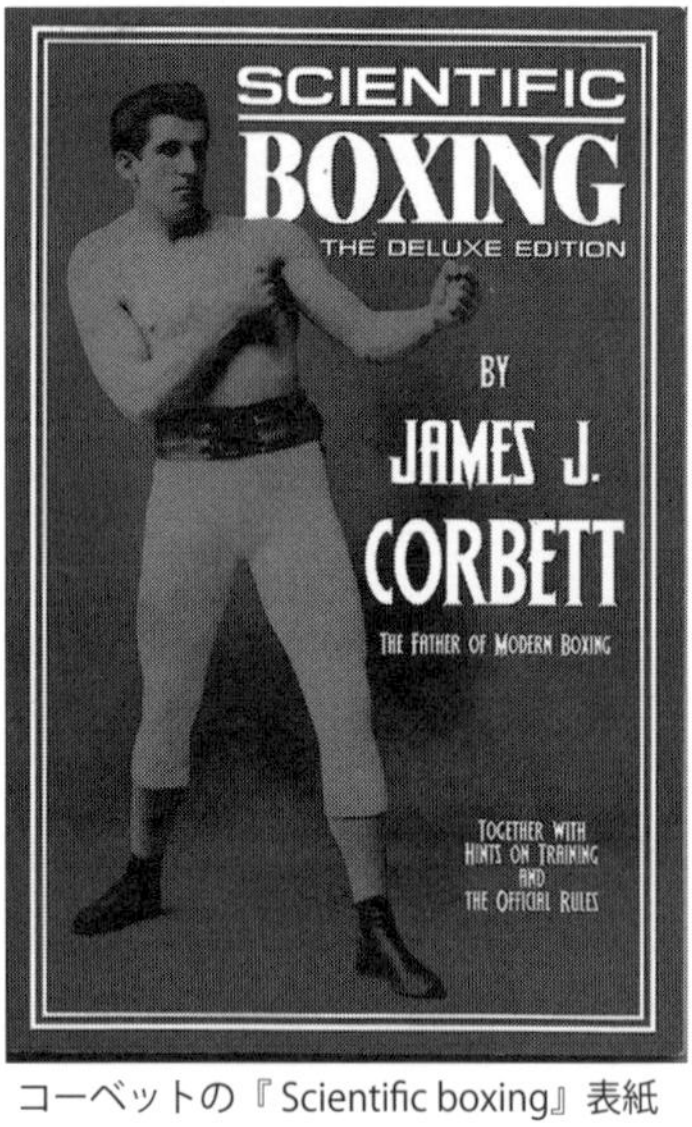

コーベットの『Scientific boxing』表紙

16　残された問題

以上で、春充の運動に対する「四大要件」は満たされたが、問題は二点残されていた。

一点目は、サンドウの運動法を流用するとどうしても、鉄亜鈴を使用することになり、運動に対する五つの要求の「第四、運動に道具を要さない」という条件が、クリアできないこと。

二点目は、五つの要求の「第五、運動に時間を要しない」条件を満たすため、重い鉄亜鈴を使用すると内臓を痛めるので軽い鉄亜鈴を使用することにしたが、そうするとかえって時間がかかってしまうこと。

これらの問題を解決するために、春充はどのような工夫をしたのだろうか。

私は前に重い鉄アレイの害を述べた。また健康は、身体それ自身で引き受けるべきが天理に近いことも語った。それと同時に一般的の強健法としては、また無機械が自然であるらしく、それで十分目的が達せられなければならなく思われた。これは、後から下した推理であるが、実験上一つの方法を発見してから、益々その確信を強くした次第である。（実験　簡易強健術）

鉄亜鈴に代わる物として、春充は初期には次のような方法を用いていた。

鉄亜鈴が、内蔵器官に圧迫を与えると聞きこれを捨てて、重いものを持っているとの観念を抱いて、その意思力を利用してやって見た。（川合式強健術）

この方法によれば、上記二点の問題は、一応クリアできる。しかしこれでは、「エリザベス・タウンの太陽叢覚醒法」を批判した、「運動と観念の分離」の原則に反することになる。

実はこの問題の解決には、まだしばらく時間がかかることになるのであるが、それでも「運動に関する五つの要求」及び「四大要件」を満足させる強健術の原形は、ここに完成するのである。

17　原強健術

春充は、明治四十四年に尚文堂より『実験　簡易強健術』を刊行し、そこに初めて自らが編み出した強健術を発表するのであるが、その強健術は、現在考察している強健術とは異なっている。なぜなら、『実験簡易強健術』に発表された強健術には、春充が中学校に進学してからでないと知り得ない事柄、例えば「柔術」からの影響等が見て取れるからでる。

そこで、現在考察しているプロトタイプの強健術を、仮に「原強健術」と名付けたい。この強健術は、先に考察した各運動法及びその他いくつかの運動法の要素を取捨選択し、それらの長所を、組み合わせたものである。そしてその土台となったのは、サンドウの運動法である。それは、先にも見た通り強健術の初期の型とサンドウの運動法を比較すれば、一目瞭然である。

春充は強健術の成り立ちを次のように振りかえる、

　完全な人体を造るために、私は幾多の目標を樹立し、またその大体の方法を定めた。そうして出来上った型は、学理的根拠に立脚した西洋式色彩のものであった。（聖中心道肥田式強健術）

春充は自身の強健術を、「学理的根拠に立脚した、西洋的色彩のもの」と位置付けている。一般に強健術は、東洋の武術、養生法の類と考えられているが、それは大きな誤解である。春充も述べているように、それはサンドウやベークマン、エリザベスタウンやコーベット等の運動法を取捨選択し、ハイツマンやランドアの解剖学と生理学によって裏付けられた、極めて西洋的で合理的なものなのである。

そして非常に重要な点であるが、この「原強健術」には、後の強健術の大きな特徴である「正中心」の概念はない。「正中心」が登場するのは、さらに時を待たねばならない。しかし、正中心の概念に発展する、「西洋の体育法」と「東洋の養生法」を組み合わせるという発想の萌芽はすでにあった。

それは、「四大要件」中の「内臓の壮健」に呼吸法を取り入れている点である。これは、「ベークマンの強肺法」を考察した際に、筋肉の運動法と、内臓を鍛える呼吸法を同時にやっていることに不満を覚えたことに始まる。

私は筋肉の発達に次いで、内臓を強くする方法を考えねばならぬと思った。これはことに内臓の弱かった私にとっては、当然の要求であろう。筋肉の発達を来たす運動をやっても、内臓は壮健にはならない。多少間接的な影響は、受けるにした所が、それは極めて微弱である。どうしても、その根本に遡って、内臓それ自身を目的とした所の方法を執らねばならぬ。(心身強健術)

筋肉の発達を目的とする運動が、ただちに内臓をも強壮にするとは言えぬ。多く人は『運動は身体を壮健にする』という総括的法則の誤解から、ある種の運動がかえって内臓機関に有害であるという事に気づかないでいることが多い。これは最も注意すべき事で、不自然な、過度な運動のために、せっかく愛護すべき目的に立たせた身体をメチャメチャにして、角を矯めんとして牛を殺すの愚を演じることがある。（腹力体育法）

この内臓強壮の一大要件を閑却したのは、舶来の運動法に多い。（腹力体育法）

関連して記す。呼吸法は、世界の各国において古くから行われ、したがってその形式も、沢山あるけれどもこれを、大体二つの系統に分けて観ることが出来る。すなわち東洋の呼吸法は、氣海丹田を鍛えるという心理的から出発して、多くは腹式に流れ、泰西の呼吸法は肺中における交換作用を重視して、ほとんど胸式に傾いている。（健康の中心を強くする法）

このように考え、肺と胃腸等の内臓そのものを鍛える、所謂「呼吸操練法」を考案するのである。しかしこのアイデアは、先にも触れたように、「ベークマン強肺法」を翻訳した楚人冠がすでにその翻訳書の中で披歴しているものであり、春充の独創ではない点に注意したい。

また、この頃は積極的に養生法、丹田呼吸などを強健術に取り入れた形跡は見当たらない。わずかに、呼吸操練法の中に、腹式呼吸を取り入れているだけである。しかもこれは、胸式呼吸だけの西洋の運動法、呼吸法は不完全と考え、それを補うために腹式呼吸を取り入れたに過ぎない。

腹胸肩式内臓操練法というのが、その目的にそう所のものである。この法により横隔膜は一インチ（二・五四センチメートル）以上の運動をなし、腹部諸機関に刺激を与えると共にその胸式呼吸は、肋骨を拡大し肺臓にも十分の運動を与える。内臓は筋肉の鍛錬と共に、十分注意してその壮健を謀らなければならぬものではあるけれども、しかしこれのみを目的としての過度の運動はかえって害がある。内臓はもとより非常に運動はしないでも好いように出来ているのであるから、十分に確りやると同時に、また極めて静かに穏やかに深くやらねばならぬ。『強健術』では内臓の壮健法としてはこれ一つであるが、その中には東西古今の呼吸法の粋を集めているのであるから特に研究されることを希望する。

（心身強健術）

この「呼吸操練法」を加えることにより、「原強健術」は完成する。「四大要件」の「筋肉の発達」は主に「サンドウの運動法」から、「内臓の壮健」は「ベークマンの強肺法」と「エリザベスタウンの神経叢覚醒法」及び「東洋の養生法」から、「体格の均整」は「ウィンブルフの椅子運動法」から、「動作の敏活」はJ.J. コーベットの「フットワーク」から、それらの優れた方法を取り入れ、改良して、「原強健術」は生まれたのである。

先にも指摘した通りこの「原強健術」には、強健術の中心概念「正中心」、「気合」、「丹田」等の概念は含まれていない。意外に思われるかもしれないが、これらの概念が生まれるのは、春充が虚弱から脱し、大学に入学するずっと後のことである。この点については、後に詳細に論ずることとしたい。

18　春充の述べる強健術の特徴

こうして完成した強健術の特徴を春充は処女作『実験簡易強健術』の中で、次のように述べている。なお、先にも指摘したとおり、この書が出来る以前に完成した「原強健術」には含まれてはいなかった特徴がこの著作では追加されているので注意が必要である。ここでは、その点を個々の特徴の解説において指摘しておく。

【消極的方面】

○一日の運動時間を十分間と定めたこと（時間を多く要しては、多忙な人にとって不便であると共に、自然その永続を妨げる恐れがある）

これは、「運動に対する五つの要求」の中、五番目の要求「運動に多大の時間を要してはならない」を満足させる特徴である。

○一切器械や金銭を必要としないこと（器械を要しては、旅中はもとより随時随所においてやることが

出来ない。金銭を要するものでは一般の人に強いられない）

これは「運動に対する五つの要求」中、四番目の「運動に金銭を要してはならない。運動に器械を要してはならない」という目標を達成した特徴である。

○相手を必要としないこと（相手を要する運動は前項と同様の不都合を生ずる）

これも四番目の「運動に金銭を要してはならない。運動に器械を要してはならない」の中で指摘されていたことであり、後の著書『健康の中心を強くする法』では、「相手を要せぬこと」として五つの要求とは別に取り上げられている。

○重複煩雑の煩いがないこと（無駄に運動の種類を多くするのは無意味である、またこれを記憶するために必要以上に頭をつかって、運動の効果を妨げる）

これは五つの要求中の、第一の要求「運動が義務的の苦役であってはならぬ」の中で、小学校の体育が煩雑すぎることを指摘していたが、それを具体化したものである。

○無用な規律を強制しないこと（極めて緩やかに、極めて心を落ちつけて、その十分間の間すら、閃電的に氣合をもってパッパッとやる以外には、秒時の後ただちに全身の力を抜いて休息を与えるから、全身を無用に緊張して、乾燥無味に終わることがないようにしている）

これも第一の要求の中で、小学校の体育において、窮屈不自然な姿勢を執らせて、全身をむやみに緊張させ、運動の効果を減殺してしまうことを指摘していたことに因む。ここで、〝閃電的に氣合を以て〟行うと記してあるが、これは先にも指摘した通り、完成したばかりの「原強健術」には含まれていない特徴である。

○過激な運動を強いて疲労させることがない（運動の過激はかえって身体に害がある、運動によって疲労しては、他の労働に移ることが出来ぬ、しかも私の運動法は、朝行って益々元気を養い、心を愉快にして一日の仕事に取りかかることが出来る）

（実験　簡易強健術）

これは特に「サンドウの運動法」等のように、肺や内臓を痛めることがないことを指摘したものである。

【積極的方面】

○主要な筋肉に個々の運動を与えたこと。

これは、サンドウの運動法より来ている。

○運動を交互にして注意力の集中につとめ、かつ血行を阻止させないこと。

これも、サンドウの運動法から来ているものである。

○体のどの部分にも無理な運動を与えないで、最も自然的発達をさせていること。

これは、「運動に対する五つの要求」中の、第一の要求の中で指摘していたことである。

○どのような場合にも姿勢の安定を欠くことがないこと。

○筋肉の発達と共に内蔵を壮健にすること。

これらは、サンドウの運動法に欠如していたが、ローミュラー、ベークマンの運動法にヒントを得て、それらを発展させたものである。

○横隔膜を操練して腹圧の増進につとめたこと。

○腹式呼吸以上、胸腹式呼吸を併せ行い、肋骨の拡張を自由にさせたこと。

以上の二点は、ベークマンの運動法と、エリザベスタウンの呼吸法を補い、発展させたものである。

○全身の均整を謀ることに注意したこと。

これは、ウインブルフの運動法を改良したものである。

○身を軽く、動作を敏捷にするように努めたこと。

これは、コーベットの練習法にヒントを得たものである。

○武術の氣合を摂取してその根本要件としたこと。

この特徴は、この時点ではまだ登場していない。つまり、強健術の〝根本要件〟は、この「原強健術」には無かったのである。このことについては、後に詳細に論ずる。

○観念による拘束をせずに精神を平和に保つこと。

これは、エリザベスタウンの呼吸法の欠点を補ったものである。

○無意識無自覚のうちに精神の修養、人格向上の目的を達すること。（実験 簡易強健術）

この特徴も、この時点では現れていない。これについても、後に詳しく見ていきたい。

そして次のように誇らしげに、自身の創案した強健術の特徴をまとめている。

その十種十分間の運動法中に、これだけの条件を備えて、サンドウの運動法の目的も、ローミューラ運動法の目的も、またはベークマンやエリザベス・タウンの目的とする所をも収め得て、かつまたそれ等の運動法の最大欠点を除き得た点において、私は十分他に優れている多くの点を備えていると確信するものである。（実験 簡易強健術）

19　強健術の効果

【肉体的変化】

強健術の特徴である、「正中心」「丹田」等の要素が希薄な、「原強健術」ではあったが、この運動法は、確実に春充の身体に大きな変化を生じせしめていた。強健術を始めて春充がまず実感したのは、血液の循環がよくなり、肌に艶が出てきたことである。


私はこの運動法を始めてから、まず血液の循環が、著しく良くなった。

手の甲に薄気味の悪い程あらわれていた紫色の静脈は段々と肉の底に隠れてしまった。

以前からの死んだような皮膚が活き活きとして来た。

風邪も引かない。寒さにもくじけもしない。

下痢したり、頭痛がしたりすることも無くなって仕舞った。

そして益々鍛練して行く中に、助骨や肩に見るからに気持ち悪く飛び出していた骨は、だんだん肉の中に沈んで行った。（聖中心道肥田式強健術）

このように、まず目に見えて身体の肉付きが良くなり、病弱な体が一変したのである。

【精神的変化】

さらに驚いたことに、変化したのは肉体ばかりではなかった。性格までもが、肉体の変化とともに大きく変容した。

そしてすべての態度が活発になって、陰気な引っ込み思案の気がすっかり無くなった。物にくよくよしやすい、まだ当たらないうちに砕けるというようなことがなくなった。なんにでもつっかかって見たいという、進取の気が出てきた。あらゆるものに活気が生じてきて、世界がまるで変わって来たような気がする。古い世界の暗い影が拭ったように無くなった。（実験 簡易強健術）

腕に力が出来、足のすわりがよくなって、山路の険しい坂を踏破しても苦しくない。胸を広げて深い呼吸をすると、いくらでも大気を吸い込めるような気がして愉快でたまらない。体格は全体の調子をとって無理の無い発達をして来だした。（心身強健術）

精神が爽快になり心に活気を帯びてくると、気性まですっかり変わってきた。悲観的なところは一つもなくなり、すべての女性的な言動がことごとく男性的になった。もう何をしても驚かない、どんなことでも堪えられるという確信が湧いて来て、何でも構わず、無茶苦茶なことがして見たくなった。否、しないではいられなくなった。（実験 簡易強健術）

この結果は、全く予想外のものであった。先にも見た通り、春充は「運動に対する五つの要件」の中に、「運動と観念の分離」を挙げており、運動は純粋に運動のみ行い、観念を用いたり精神集中を同時に行わない方針であった。しかし、純粋な運動のみを行い、肉体を改造したのにもかかわらず、それに伴い精神までもが著しく変化したのである。

この経験から、春充は肉体の鍛練、操作により精神を安静にする方法を案出し、後に「四大要件」を発展させた「八大要件」の中に「精神の平静」として組み込むことになる。さらに、晩年には、肉体の操作のみで、禅の境地と同様とされる「無念無想」の状態まで至ることになる。強健術の大きな特徴の一つ、肉体の操作による意識のコントロールの原点は、この活きた体験にあった。

さらに、精神の変容は続き、それまで涙もろかった性格が、義のためにはどのような行動も躊躇することがなくなった。

体躯の強壮と同時に、私の精神状態もまた一変したのである。以前は涙もろかった私は、極端な反動としていやしくも不正暴虐のことを見ると、ほとんど衝動的に身を挺して、これの救援に駆けつけ、狂愚の行為をしたことが何回であるか分からないのである。（心身強健術）

この変化を春充は、次のように分析している。

前の虚弱漢は、まるで別人のように変わってしまった。これは要するに、改造された身体が、精神に及ぼしたものである云々（聖中心道肥田式強健術）

また、

私はエール大学のリチャーツ教授が『運動が気質におよぼす効能は、意志力に関して特に著しい。筋肉の発達は意志力の発達を伴う』と言ったのは、確かに一種の卓見であることを感じた。（心身強健術）

との感想も、漏らしている。

さらに、好奇心が芽生え、冒険も好むようになった。以下に掲げているのは、処女作『実験　簡易強健術』の序の中に列挙されているものである。

暴風雨中に日川および桂川を泳ぎ渡る。
約三十メートルほどの崖をよじ登る。
富士山麓の地下孔に入り、明かりの火が消え真っ暗になり死を覚悟する。
川のほとりに寝る。
森林の中に寝る。
深更に登山する。
積雪を踏んで野に行く。
高所より落下して気絶すること三回。
シベリヤに旅行しようとする。（実験 簡易強健術）

桂川を泳ぎ渡るとあるが、この渡った場所はかつて自殺を考え、佇んだ場所である。その死の川を、見事泳ぎ切る肉体と精神を春充は手に入れたのであった。また、「シベリヤに旅行しよう」としたとあるが、これは父立玄が、春充のために取り寄せていた『少年世界』（博文館発行）という雑誌に掲載された、イタリア人エッセー・プランダニーという人物が、無銭旅行で日本にまで来たという記事を読んで触発されたものである。春充はこの記事を読み、「自分もこの頑強な体躯を以て、雪のシベリヤより、欧州を廻り、世界を一周してみたい」と考えた。しかしこの申し出を聞いた兄信水は、春充にそのようなことより中学に進学することの重要性を懇々と諭し、春充もようやく中学に学ぶ気になったという。

【頭脳的変化】

次にこれも全く予想外のことであったが、肉体と精神の変化に伴い頭脳の働きまでもが、明晰になったのである。

さらにこの運動によって、精神の爽快静平を覚え、頭脳がハッキリとしてきて、記憶力もよくなった。（実験　簡易強健術）

こうして春充は、三大学四学科に同時に入学することになるが、これについては後に詳しく見てみたい。また、肉体の鍛錬が頭脳に与える効果を実感した春充はこの経験をもとに後に『根本的健脳法』という本を著す。この本を強健術とは別のメソッドのように解釈する向きもあるが、強健術によって健康になった肉体が頭脳に影響を及ぼすものであり、それらは一続きのものであって分けて考えることは出来ない。強健な身体には必然的に、明晰な頭脳が伴うのである。また、これは最晩年に見せる凄まじいまでの記憶力、計算力などにもつながる。

【冷水と新鮮な空気を好む】

次に、身体が健康になると、それまで筋肉の発達には特に寄与しないので、消極的健康法であるとしていた「冷水浴」が大きな嗜好となった。春充は次のように感想を漏らす。

冷水浴は世間一般に心身の強健法として、広く採用されているのであるが、私は体躯を強大にする上からいうと、冷水浴をもってそれほど偉大な効能があるとは思わない。なるほど皮膚を強くし、元気を盛んにし、精神を壮快にする点からいったら、軽視することが出来ぬものではあるけれども、これを身体内外の各部にわたった運動法に比べればそれはむしろ消極的のものである。こう言えば、私は冷水浴排斥論者かというと決してそうではない。私はただこれをもって積極的運動法の一条件にしなかったまでで、今では私はこれを大いに好み、むしろ私の娯楽的遊戯の一つと同様としているのである。運動の結果として血行は著しく旺盛となり、私の肉色が一層の赤味を帯びて、私の呼吸がちょうど蝶の夢をゆすぶる春風の様に快くなると、私は不規則にでも冷水が浴びたくなって来るのである。（心身強健術）

さらに、寒さそのもの、寒さの刺激が、かえって壮快なものに感じるようにまでになる。

＝寒冷の楽しさ＝私は寒冷を愛します。寒冷には無上の甘味があります。寒冷は健康の兄弟です。冬の朝。素っ裸で、寒風に肌をさらした時の心地よさよ。さらに、ささやく渓流に身をひたして、木枯らしのすさぶのを聞く愉快さよ。私は冬でも家に帰りますと、ネルの単衣一枚となって、足袋まで脱いで、仕舞う事がたびたびあります。一昨年の冬は、一点の火気もなく過ごしました。肌着はモヤモヤして、どうしても着られませんので、洋服の時は仕方なく、冬でもチヂミのものを用います。帽子は年中、夏のハンチングです。三月ころからは、畳の上に寝まして布団は敷きませぬ。体温が、いい具合に放散します。その快さったら、ありませぬ。清々します。夏は薄い毛布が一枚か、寝巻き一枚かで、開け放した廊下の板の間に寝ることもしばしばですが、それもすこぶる愉快なものです。肉があるせいか、体の痛いということはございませぬ。（強い身体を造る法）

こうして、真冬の桂川で水浴なども行い、村人達を驚愕させるようにまでなる。そして、冷水そのものを飲むことが、最大の嗜好となる。

水なるかな。水なるかな。水なるかな。諸君は真に、冷水の味を、味われたことがあるか。夏の日山奥のけわしい山路を踏破し、汗が全身を潤し、咽喉が枯れ渇いた時の冷水の一杯の味は果たしてどうだろうか。ミルク及ばず。レモナーデ及ばず。茶、コーヒー、もとより及ばず。冷水一椀の値、真に千金である。否。否。否。冷水には値はない。冷水の真の味を理解出来る所に、千金の値がある。私は路上、青白い顔をした男を見ると、彼もまた冷水の真の味を知らない、健康の敗残者であると憐れまない訳にはいかないのである。

私の冬の楽しみの一つは、いつでも冷たい水が飲めることである。キューッと、氷のような冷たさが、腸まで沁みて行く快さよ。（聖中心道肥田式強健術）

他に私の一大好物の飲料がある。それは茶ではない。酒でもない。牛乳でもない。コーヒーでもない。カルピスでもない。とりこのでもない。ココアでもない。サイダー、シトロン、ラムネ、平野水、違う、違う、違う。一杯の冷水である。（聖中心道肥田式強健術）

純粋な健康体になると、寒冷な空気も水も、それらの刺激も壮快なものに変化する。いたる所に存在する何の変哲もない空気と水、この二つの物質が、純健康体には最大の恩寵となる。この喜びは、後に春充がさらに健康となり、正中心を練磨するに伴い益々増大していく。また、新鮮な空気と水の重要性は、天真療法にも敷衍され健康を回復する際の重要な要素ともなるのである。


何よりも美味しいものは、新鮮な空気だ。新鮮な空気が良い位のことは、誰だって知っている。だが諸君、本当に空気の味がお解りになりますか？

私は不断に、体の鍛錬に努めていたけれども空気の味など解らなかった。それが本当に解ったのは、やはり大正十二年に完全なる正中心が出来てからである。空気には、生命の味があるんだ。それが夜寝ていても、スースーという穏やかな寝息と共に、何億かの肺細胞―広げれば一五〇〇畳敷からの広さになる―その無数の気胞の中に隅の隅まで入って来る快さよ。その美味なることよ。ついでだから言っておく。これはあえて空気ばかりじゃない。太陽の光線にも、冷たい水にも、大地にも、木にも、草にも本当に活きた、活き活きしたパチパチするような生命の氣は躍動しているのだ。ただ人が真に完全な健康を獲得し、これを正中心に収め得るに至って、始めてその活きた本当の美味に触れ得るようになるものである。（聖中心道肥田式強健術）

【睡眠の変化】

次の変化は、睡眠をコントロールできるようになったことである。

私は私の運動法によって、規則的にかつ適度に体躯を修養した結果『睡眠』は私にとって最も甘い楽しみの一つとなった。そして、この数年来夢一つ見たことがない。寝ようと思った時には、どんな場所でも構わず寝られる。横になるや否や、何の邪念妄想の起こる隙もなく、すぐスヤスヤ寝てしまう。それでそばの騒々しさなどは何ともない。また、病的に途中で目が覚めるというようなことは断じてない。これは、要するに身体の血行がよいのと、心が平静で何の恐怖も憂苦もないからである。（実験　簡易強健術）

身体と精神が健康になったために、その結果として熟睡できるようになった。また、寝たい時にはいつでもすぐに、眠りにつくことが出来、逆に何日も徹夜しても、疲労を覚えることもなくなった。さらに健康体になって、眠り方にも変化が起こってきた。それは、枕を用いなくなったことである。

私は私の健康によってどんな場合にも熟睡し得、かつ同時に睡眠を支配して眠らない時には眠らなくとも堪えられるようになったが、さらに私は、私の運動法によって来た生理的の変化がある。それは、常に仰臥して枕を使用しないことである。（実験 簡易強健術）

この枕を用いない寝方は、後に「自然体休養姿勢」と名づけられ、強健術と天真療法において、最も重要な姿勢の一つとなる。

【食欲の変化】

さらに、食欲にも変化が現れた。自然と小食となったのである。

私自身がこの運動より得た生理的変化の最も著しいものは、自然に少食主義者となったことである。

規則的運動の結果として、生理的変化ともいうべきものの一つは、自然に飽食と間食とをしない様になったことである。（心身強健術）（実験 簡易強健術）

その理由を春充は、次のように考察する。

これは私が最も適度に、最も規則的に身体を鍛錬するから、夜眠りに就くと身体が休養して血行が非常に良くなるから、そのために朝は益々元気が充実して力の消耗を感じない。この結果、病的の食欲やまた不自然な食欲が起こらないのである。（実験 簡易強健術）

そして、逆の現象も出現しそれを次のように報告している。

なお私の経験によると、身体が多少でも不健全な時には、かえって病的に猛烈な食欲が起こってくる。反対に適度に規則的に、最も健全に体を持して行くと不自然的な食欲はさらに起こらないのである。（実験 簡易強健術）

また、小食である理由を次のようにも説明している。

飽食は栄養器官に、過度の労働を強いて、その結果種々の病気を引き起こす恐れがあるが、私はそんな理屈からばかりでなく、節食は気分が清々して愉快だからである。（聖中心道肥田式強健術）

飽食は、消化器官を過労させ様々な病気の原因を造り出すという意見は、後の天真療法において「食養」として結実する。また小食は、強健になった結果ではあったが、しかし、そのきっかけはあの「サンドウ」であった。


私は十八歳の折り、憤然として体育に志した時、読んだ一句を忘れない。それはサンダウの一語である、曰く、『健全な生活をなすには、節制に匹敵するものはない。万事万端、節制せよ』と。その言葉は何の奇もなく何の妙もなく実に平凡極まるものである。だが私は、世界的体育家の言として、これに多大の関心と敬意とを払い、努力してその趣旨を守ろうと決心した。

これが私が生まれて始めて食物に向かって注意を傾けた、そもそもの発端である。『節制』とは、いうまでもなく控え目のことである。食べ過ぎないようにしようと、始めてそれだけの注意をするようになった。（聖中心道肥田式強健術）

こうして、小食になると驚くべきことが起こった。

このようにして少食主義となった私は、その結果歯が非常に丈夫になって琺瑯質《ほうろう》がツヤツヤと白く堅牢になり、歯並も立派になって今では一本の虫歯欠歯というものがなくなって来た。（実験 簡易強健術）

透き通るように白くって義歯のように綺麗に列んでいると、歯の悪い人々から羨ましがられている。

（強い身体を造る法）

これを見ると、春充には以前虫歯、欠歯があったようであるが、それが完治してしまったというのである。はたして、虫歯、欠歯が自然に治癒するのか、筆者は寡聞にして知らない。また、小食が、それらの治癒に貢献したと春充は考察しているが、何故そのように考えたのかは不明である。

先にも指摘したが、小食の結果胃腸が健康になった経験は、後の著書『独特なる　胃腸の強健法』を経て、天真療法の重要な柱、「食養」へと繋がっていく。このことについて春充は次のように述べている。

食物を、嗜好に適する様に調理し味感、視感、臭感、食感を快くする事は、料理法の重要な原則となっているけれども、それらの多くは、偽りの虚飾によって真要求ではない食欲を誘導するものであって、要求も無いのに食わせたり、要求以上に食わせたりすることになって、果ては胃腸を損なうようになる。

（独特なる　胃腸の強健法）

【食の嗜好の変化】

さらに、小食になると食の嗜好も変化した。甘いものが嫌いになったのである。

私は私の食欲が極めて自然的、生理的になった結果、間食したいという欲望が起こらないのである。その結果、菓子など食う機会がないから、これも自然にイヤになった。菓子も上等なものほどイヤになって、これからおよんで小豆類が嫌いとなり餅も好かなくなった。（実験 簡易強健術）

この菓子を食べない習慣のもう一つのきっかけは、一冊の本であった。

私はある日、約八キロメートルばかり離れた谷村町へ用達しに行って、そこの本屋の店頭の隅に『腕力養成拳闘術』という、薄ッぺらな書物がホコリをかぶっているのを見出した。今でこそボクシングは、女性の熱血までもわかしているけれども、明治三十三年頃には、健闘の書物なんて言ったところが、手に取って見る者すら無かったであろう。私は、ただ腕力養成の四字に引きつけられてすぐに買い取った。定価十銭。私は大事に懐に納めて、夕暮れに疲れた足をひきづりながら家に帰った。その晩灯の下で、私は貪るように読み耽った。（聖中心道肥田式強健術）

それから私は、彼ら選手が、試合前の三ケ月間は酒も煙草も茶も菓子も一切やらないと書いてあったのを読んで、試合前やめた方が良いようなものは、生涯やらなければ、それに越したことはあるまいと、酒と煙草とは元からやらなかったけれども、茶と大好きであった菓子とは断然これを禁止してしまった。こういうといかにも窮屈な、無趣味な生活のように思う人もあるであろうが、デカダンの思想にかぶれている者ならイザ知らず、何も不自然的な欲求をほしいままにして、われとわが身を破ることもあるまいと思う。そして、私はまた一面中心練磨の運動は、節制を容易にさせるものである、ということを悟ったのである。（聖中心道肥田式強健術）

ボクサーの減量法にヒントを得て、節制を思い立ったというのである。コーベットのフットワークの時でもそうであるが、世界の運動法の少しでも良い点は、貪欲に取り込もうとするその態度はここにも現れている。

その他の強健になった後の変化として、運動後に水をそれほど要求しなくなったこと。縮れ毛が直毛になったことを挙げている。

もう一つ中心運動の結果による変化は、猛烈な力を振って熱汗全身に湧いても、別に渇きを覚えなくなった事である。ちょっと口が渇いても、別に飲みたいという気もしないので、そのままにして置くとすぐ

なおってしまう。（聖中心道肥田式強健術）

私の頭髪は幼児より非常なちぢれ毛であったが、この運動を練習してから自然に癖が無くなって来て、近頃はもう跡方も無くなってしまった。これは頭脳がクリヤーになったための生理的結果であろうと思う。（実験 簡易強健術）

この二点については、体験的な事実であるとしても、果たして一般化できるのか疑問は残る。単に個人的な体質の問題なのであろうか。

第三章　学生時代と強健術の変化

1　中学への入学

強健への志を立てたのが、明治三十三（一九〇〇）年、数え年十八歳の時であり、それから試行錯誤の末、「原強健術」が完成した。この強健術が、どのくらいの年月をかけ、いつ完成したのかは定かではない。はっきりしているのは、二年後、明治三十五（一九〇二）年、数え年二十歳に、強健となった春充が、山梨県立第一中学校都留《つる》分校に入学したという事実である。それまでの、「原強健術」を修練し徐々にたくましくなっていく様子を、春充は次のように振り返っている。

腹筋と広頸筋との調節運動の時、ドタリ、バタリと体を床に叩きつけるので、畳は切れ根太は緩み唐紙や障子は折れたり穴が開いたりしたけれども、父は少しも咎めなかった。病床にばかり親しんだ子が、こんなに暴れるようになったことを、むしろ嬉しく思われたのか。それとも、父と子と二人暮らしの侘び住居に母なき子をいとしと、放任されたものか。とにかく私は、残された可憐の末子として父からも兄からもほとんど絶対自由に解放されていた。（聖中心道肥田式強健術）

このようにして私は、一心不乱に研究と練修とに励んだ。いつとはなしに体は次第に力づいて来た。操練は日一日と猛烈を加えた。（中略）私の体は、眼に見えて、グングンと良くなって来た。血行は盛んになって、皮膚の色までも変わって来た。今まで火箸のように細かった上腕には、ムックリと力瘤が盛り上がって来た。痩せこけた肩は、男らしく張って来た。何という爽快さ、何という溌剌さ。眼も鼻も口も、活々と引き緊って来て、一切病弱の影は、一時に拭い去られたかと思われるばかり—。（聖中心道肥田式強健術）

ああ、志を立ててからタッタ二年、—巌をも通す赤誠努力の賜物よ。病弱少年の捨身の熱心には、天もまた可憐と思召されたものか。見よ。最初は十年以上も掛らなければ到底人並みの体にはなれるものではないと、深く覚悟して練修を始めたのに、…驚くなかれ。タッタ二年の後、二十歳の春には、すでに堂々仲間を圧する雄大豪壮の体格と、絶対強健の体質と、驚愕すべき体力を誇り得る身となったのである。（聖中心道肥田式強健術）

こうして私は二十歳の春、人は皆卒業して出て仕舞うと言うのに、ようやく制服制帽を身につけて中学の門をくぐる事が出来た。明治三十五年四月、谷村町にあった山梨県立第一中学校都留分校に私は入学した。（聖中心道肥田式強健術）

山梨県立第一中学校都留分校は、現在の〝山梨県立甲府第一高等学校〟と、〝山梨県立都留高等学校〟の前身である。この学校は、寛政年間に開設された〝甲府学問所〟が前身である、〝官学徽典館〟を発祥とする歴史ある学校である。そして春充が強健を志した十八歳の年、明治三十三（一九〇〇）年に、山梨県中学校都留分校が谷村町に開校された。翌年、明治三十四（一九〇一）年、同校は大月に移転し、春充が入学したのはその翌年、明治三十五年四月のことである。

大月にある中学に通う様子を次のように、春充は回想する。

往復約十五キロメートルの道を、毎日歩いて私は通学した。病魔と虚弱と、そうして『茅棒』の侮辱とを見事征服し得た喜びに燃えて、雨の日、雪の日、風の日も、さらに休むことなく、遅刻したことすらもなく約十五キロメートルの坂道を毎日毎日楽しく往復した。

約七・五キロメートルの道を、歩いて遅刻しないようにするのであるから、朝は大抵真暗な中に起きた。そうして枕を蹴って起き上がるや否や、灯もつけない暗闇の中で、中心を基礎として各部主要筋肉の鍛練、その他全部の練修を終わり、それから水で全身を洗い、食事を済まして出発したものである。

冬の夕方など、富士おろしの凍える風を正面に受けて、重い足をひきながら帰っても、必ずまた猿股一つとなって猛烈な練修を一通りやることを欠かしたことはなかった。スルト不思議にも足の疲れも、かえってケロリと拭い去られた様になったものである。（聖中心道肥田式強健術）

この第一中学校都留分校に在籍していた当時、春充は次のような体験をする。

私が、まだ甲州大月にあった山梨県立第一中学都留分校にいた頃の事である。その時分は、中央線の鉄道が出来ていなかったから、ある日生徒一同は、教師に引率されて徒歩で甲府にある本校の参観に行ったことがある。（中略）廻り廻って、生理博物の教室に行った時、ハッと、突如！　私の足は釘づけにされてしまった。見よ。そこには等身大の解剖図つまり筋肉の解剖図が何かの天啓を黙示するように壁間に掲げられているではないか。凝視すること数分、心を奪われて私は立ちつくした。帰ると所感を書かせられたから、私は人体解剖図が、学生に体育思想を鼓舞することを述べて、我が校においても一幅を購入する事を希望して提出した。自分の意見をもって他に強要した、偏った意見であったことを後で悟ったが云々。（聖中心道肥田式強健術）

そして、「四大要件」の一つ「体格の均整」を力説するようになったもの、このような人体美、肉体美、に対する嗜好、憧憬によるものであると考察している。

当時、旧制中学は五年制であった。春充が二年生の時の、明治三十六（一九〇三）年に、山梨県立第一中学都留分校は、山梨県立第二中学都留分校と名称を変更した。この当時のことを春充は次のように振り返る。

山梨県立第二中学校は、私の郷里小沼からは約四十キロあまりも離れた日川にあったので、私は寄宿舎に入っていたが、毎夜消灯後、枕元で私の運動練習法を実行して一日といえども怠ることなく、私の体力は益々増進した。そして常に弱きを援け、強きを挫いていたから勇名は全校を圧していた。

（聖中心道肥田式強健術）

私が甲州日川の第二中学の四年に行くようになってからは、（父立玄は　著者注）七十余歳の高齢をもって、やとい婆さんとタッタ二人きりになったけれども云々（聖中心道肥田式強健術）

これによれば、春充が中学二年の時は実家を出て寄宿舎暮らしをしており、父立玄は家事を手伝う老婆と二人暮らしであったことがわかる。この時、兄信水は東北学院から鶴岡日本教会伝道師を経て、『函館毎日新聞』の主筆として活躍しており、故郷を遠く離れていた。

2　柔道と剣道との出会い

第二中学在学中の五年生の時、春充は、初めて撃剣（剣道）と柔道を学ぶことになる。

私が五年生の時、学校では始めて撃剣柔道をやるようになった。私は体育の鍛練上、何よりも喜んでさっそく両方とも稽古した。（中略）一切武術の根源である、中心を主とした運動をやっていたので、たちまちのうちにメキメキと上達した。（聖中心道肥田式強健術）

ここで『「中心」を主とした運動をやっていた』との記述がある。強健術の主要な概念「中心」の完全な把握、その「中心」と密接な関係を持つ「気合い」等の応用は、まだ先のことであるが、この記述によると、「中心」へと発達する体感がかなり実感的に出来つつあることを見てとることが出来る。

ところで、春充には、それまで武術を行った形跡は、見当たらない。父立玄の影響もあっただろうが、武術をやったという具体的な記述は、中学になるまでにはない。恐らく虚弱であったため、たとえやる機会があったとしても、出来なかったのであろう。ただ、兄信水は、剣術と柔術の嗜みはあった。

意外なようであるが、兄信水は故郷にいた時分より、師範について剣術を習っている。また、「女學雜誌社」に勤務していた時代には、同僚の星野天知から「柳生流柔術」を、同じく同僚の犬養桂之助から、「起倒流柔術」

を週四日、一日二時間半ほど学んでいたのである。さらに後年、信水が六十、七十歳の高齢にいたるまでも、床中に一本の太い、黒光りするビワの木刀が常に横たわっていたという。これは、とっさの襲撃に備えるためでもあり、武士が不覚、油断を恥じる嗜みという精神面の意味も多分にあった。このような態度は、色濃く春充にも伝わっている。

さて、春充は学んだ撃剣（剣道）に関して、次のように記している。

『敵の勝目は、敗目』。勝利のすぐ裏には、敗北の影が潜んでいる。相打ちの覚悟さえあれば、むざむざ敵にばかり斬られるものではない。私は撃剣をやりました時、相手が真っ向からお面と打ち込んで来た瞬間、竹刀の柄の元を腹にあてたまま、体と供に突進してドカッとお突きを食らわせます。相手は体が浮いて来ましてまさに私の頭を叩くという途端、私の竹刀は相手の咽喉にかかり、一時は弓のように曲がりますが、やがて相手はドドドドと約二メートルも後ろに引っくり返ります。『踏み込み行けば、後は極楽』だ。（体格改造法）

腹の底からしぼり出た力を、竹刀の尖端に集めて小手を打てば、相手の手首は痺れて竹刀を持っていることが出来ない。一番危険だったことは、正眼に構えてワザと隙を作っておくと、相手は大上段から面へ打ち下して来る。その瞬間中心を確りすえ、竹刀の柄頭を腹に当てたままドカッと真直ぐに突進すると、相手の竹刀がまさに我が頭上に触れようとする直前、間髪の差で私の竹刀の先端は、相手の咽喉部を突く。孤よりも半径の直線の方が距離が短いから、同一速力であれば突く方が早い訳である。（中略）百発百中であるのみならず、向こうは浮いて来ており、こちらは下から腹と腰とでしっかり竹刀を支えているので、竹刀はたちまち弓のように湾曲するが、やがて相手はどんな大男でも逆さに引つくり返されて、約四メートルも後ろへ跳ね飛ばされてしまう。もし誤って顎革をはずれ、本当に咽喉を突いたら穴が開いて死んでしまう。危いから、そのやり方は止めるようにと、師範から止められてしまった。（聖中心道肥田式強健術）

また、柔術に関しては、次の記述がある。

柔道の型など、中心を定めた眼光で熟視すると、師範の目覚ましい技がじかに私の脳裡に沁みこみ、技と私の体とはたちまち一致し、その通りの技術をすぐ他の者に活用することが出来た。だから面白くって面白くって、一日も休まず右腕の関節をはずして、首に腕を釣っていても、左肩および左脚脛骨を挫折して包帯をしていても、一回も稽古を休んだことは無かった。（中略）こうしてタッタ六ヶ月目には、初段となり助師を命ぜられた。（聖中心道肥田式強健術）

この柔道は、以下の記述によると「竹内流柔術」であったらしい。この柔術を学んだことは、強健術の中に独特の「集約拳」と呼ぶ拳の握り方を導入することに繋がり、大変重要である。

竹内流柔術の技を学ぶと、半年にして錦らんの巻物を授けられた。（実験 簡易強健術）

私は竹内流の柔術を学んで、六ヶ月にして免許を得たが、云々（実験 簡易強健術）

こうして私の体格は日に日に新たになり、私の体力は日に日に増進した。そして竹内流の柔道を学んでわずか六ヶ月で、免許を得て錦襴の巻物を授けられたのである。（心身強健術）

柔道を始めてから四カ月したら、師範がどうしても父（春充　著者注）を投げることが出来なかった。腰を反って正中心を構築すると、たちまち盤石のような重さとなって、いかに師範といえどもミリッとも動かすことが出来なかった。（一分間の強健法）

そして私は、かえって柔道に入ってから、その方で私の独自の運動の効果が現れたのである。つまり私の独自の『氣合ひ』の修養によってこの術の呼吸を他の人より早く会得することが出来、六ヶ月目には助師はついに私を投げることが出来なくなって、じかに巻物を与えられた。そして、このようなことは異例であるという賞賛を受けたのであるが、これも要するに私の運動法の鍛錬の結果である。この一事がすでに、私の体躯の改造、発達が、柔道によったものではない事が解かるではないか。

（実験 簡易強健術）

最後の一文は、後に春充の肉体と、強健術を見たある者が、それらは学生時代に習っていた柔道からきたものと早合点したことに答えたものである。

3　中学時代の生活

この五年間の中学校生活の間、春充は、たった一着の夏服と、冬服のみで過ごした。父に余計な負担をかけることをしたくなかったのである。傷んだ服は、自ら針と糸をもって繕ったという。

また、先にも触れたが、中学校時代は義侠心に駆られ、弱者を救済するようになり、それがあまりにも過激なのでかえって父や兄が心配する程であった。

私の学校生活にもずいぶん乱暴な振舞が多かった。私は弱者をかばうために、いらぬ喧嘩を買ったこともある。暴悪の下に圧せられている正義を見ては、ほとんど衝動的に突破して強者を挫いたこともある。このようなことのために老いた父、温厚な兄に憂慮を重ねさせたのであるが、一種の任侠的思想が、私を駆りたててしばしば無謀の挙動をとらせたのである。（実験 簡易強健術）

私は学校生活中にも、ずいぶん乱暴な振舞が多かった。これまで涙もろかった私は、極端な反動として、万一不正、暴虐のことを見るや否や、少しも躊躇することなく、ほとんど衝動的に身を挺して、これの救援に赴き、同時に敵手を打ち砕くのでなければ断じて退くことがなかった。（聖中心道肥田式強健術）

成長してからも、一片の侠気に駆られて、人と争い無謀の行いをあえてしたことが何回であるか分からない。私の小さな全要求は、『献身犠牲の生涯』であった。『赤誠無私の行動』であった。郷里における自治制の堕落、警吏の傲慢、小学校教員の背徳、富豪の横暴を見ては、憤慨を放っておくことができず。差し出がましくもくちばしの黄色い若輩でありながら、彼らと喧嘩したことも何度であろうか。

（心身強健術）

このような変化を春充は、次のように考察している。

以前の虚弱漢は、まるで別人のように変わって仕舞った。これは要するに、改造された身体が精神に影響をおよぼしたものであるが、しかも私の運動法の基礎に中心の緊張、即ち丹田に氣丹を練るという一事を置いて、深くその修養を積んだ結果であると思う。（聖中心道肥田式強健術）

これは、肉体の変化が、精神にも大きな変化を生みだしたばかりではなく、春充が虚弱であった頃の任侠者達への羨望と、兄の任侠的振る舞いへの憧れも大きく影響していたに違いない。そして、自らの努力で、その憧れの英雄となった春充の感慨は、いかばかりであっただろうか。

また、冷水浴を始めたのは、どうやら中学時代のようである。次のようなエピソードがある。

ある武人が、どうしても剣道が上達しないので、ほとんど師範からも見放されてしまいました。そこで発奮して、冬の朝まだ真っ暗な時、杉や檜の大木がゴーッゴーッと唸る村の神社に参りました。そして素っ裸になって、井戸の水を数十桶被りそのまま氷のような地べたへ坐って、技術の上達を神明に祈りました。このようにする事三年間で、ついに奥義を極めたということが、中学の漢文読本にありました。私はこれを読みました時両眼が、サッと潤いました。そしてその真剣本気の熱誠に撲たれて、感動と興奮を禁ずることができず遂に厳冬、氷のような石上に坐って、悠々と石鹸で洗いさらに渓水に飛び込んで、刃のような清冽を味い再び凍風に身をさらして刺激を楽しむようになりました。暗夜に神前に、氷を砕いて祈るの赤誠あれば、出来ないことはありません。（体格改造法）

このように、春充は強健な身体と、明晰な頭脳、挫強扶弱の精神を、自ら編み出した強健術によって手に入れ、五年の中学校生活を送ったのである。

当時中学校は義務教育ではなかったので、進学したのは、都会でも小学校卒業生の僅か一割～二割の少数であり、かつ華族、士族などの裕福な家庭の子弟に限られた。つまり、数年遅れて入学したとはいえ、旧制中学校に進学したことだけでも春充は、十分に頭脳明晰な知的エリートであったと言える。

さらに、決して安くない学費を引きうけたのは、恐らく兄信水であろう。春充が中学生活を送っていた時期、信水は函館毎日新聞主筆を経て、前橋市共愛女学校教師から、同校校長に就任していた。信水は自身の苦学と、職業遍歴から、虚弱な春充には学問で身を立てることを望んだのかもしれない。春充が、強健となり「シベリア探検」を企てた時、そんなことを考えるより中学に進学するように諭したのもそのような弟を思いやる心と、今は亡き母との約束からであったと考えられる。

4　大学予科への進学

明治三十九（一九〇六）年二十四歳になった春充は、中学を卒業する。友人の多くは、春充に文学を修めることを勧めたが、春充は「明治大学　高等予科」に入学しさらに上級の学校を目指した。当時明治大学は、法学部（法律学科、政治学科）と、商学部の二学部制であり、予科は三年、学部は三年の修学年限であった。

この頃の予科の入学金は、五円、年間授業料は、五十円、下宿代は月三十五円で、年間五百円余りの学費を含めた費用がかかったという。これは大正十一年の頃の金額であるが、当時の銀行員の初任給が三十五円（明治三年）、公務員の初任給が、五十円（明治四十年）、小学校教員の初任給が十〜十三円（明治三十三年）であった。これだけの大金を工面した兄　信水の苦労は、並大抵のものではなかったと思われる。春充は、明治四十（一九〇七）年七月十日に明治大学高等予科を卒業する。

5　大学への進学

高等予科を終えた春充は、次に驚くべきことに三大学四学部に同時に進学する。その次第は次の通りである。まず彼は、法律を学ぶべく「中央大学　法科本科」に入学する。その動機を春充は、次のように述べている。

そんな私が乾燥無味な法科を選んだのは、リンコルン伝を読んで、彼が弁護士となって、憐れな弱者のために は進んで熱弁を振ったけれども、仮にも不正な事件は、いかに有利な条件で頼まれても即座に拒絶して仕舞った。と言う記事に感激し、自分は司法官にもならず弁護士になるつもりはないが、ただ世間によくある法律を盾とする悪漢らに向かって、自分もまた法律の武器を以て勇敢に戦ってやろうと、明治大学の高等予科を卒業すると中央大学法科本科に入って、冷ややかな権利義務の講義を傾聴したのであった。

（聖中心道肥田式強健術）

学生帽をかぶる若き春充（出典：実験簡易強健術）

ここに登場する「リンコルン伝」とは、先に触れた松村介石が、アメリカ大統領リンカーンの生涯を綴った『阿伯拉罕倫古竜伝』（明治二十三年　丸善刊）のことと思われる。
次に春充は、政治についても学ぶ。

ここにおいて、私は『善良なる政治』ということを思って、さらに政治科に籍を置いてその講義を傾聴した。（心身強健術）

けれども、人民の幸福は、政治の善し悪しによって決定されるものであることを思って、私はまた明治大学政科大学に入学した。ただしそれは、政治の要道を学ぶことが主たる目的であって、将来行政官となりまたは代議士になろうとするような野望は少しも起こしたことはなかった。（聖中心道肥田式強健術）

さらに春充は、商学についても学ぶことにし、その動機を次のように述べている。

だが、何事をなすにも相当の経費を要する。資力が豊富であれば、それだけ早く、志望を達することが出来る。だからと言って、他人の寄付を仰ぐようなことは、真っ平御免だ。それならば、金を得る道を知らなくてはならないと、私はまた明治大学の商科に学んだ。（聖中心道肥田式強健術）

この上に春充は、文学をも学ぼうとした。

そこで私はまた宇宙の真を讃え、人情の美を歌ってみたいという、いじらしい考えをもって文学科に行った。（心身強健術）

ただ私は私の運動法によって、精神の爽快平静を覚え、頭脳がハッキリとして来て、記憶力も自ずから非常によくなった。一時に三科目を修めて、余裕しゃくしゃくを覚えたので、私はさらに早稲田大学文学科に学んだ。（聖中心道肥田式強健術）

以上、『明治大学政科大学』、『中央大学法科大学』、『早稲田大学文学科』、『明治大学商業学科』の、三大学四学科を、春充は同時に学ぶことになったのである。

このように、三大学四学部を学ぶことにした理由を、春充は次のように述べている。

これは一面、父兄の支給して下さる学資を、なるべく有効有意義に使用し、そのご厚情に報いたいと言う精神も含まれていたことは言うまでもない。（聖中心道肥田式強健術）

とは言うものの、当時の大学の授業料は、早稲田大学の文系の授業料で、年間五十円（明治四十五年）、その受験料は二円（明治三十六年～大正八年）である。三大学四学部であると、単純計算で授業料だけでも、年間二百円以上かかることになる。この学費のほとんどを、兄信水が捻出していたとすると、その苦労はいかばかりであったろうか。

6　その大学生活

こうして東京に下宿して大学生活を、始めた春充ではあったが、父兄の苦労を思い、その生活は質素であった。

私は遊戯に類する運動は、一切これをやらなかった。とは言え、私は決してそれらのものを退け、また運動の効果なしとけなし去る訳ではない。ただ私は父と兄とから学資を支給されながら、自己の娯楽的興味のために時間を空費するがごときがあっては、非常に申し訳ないと痛感していたから、ボート、野球、テニス、ゴルフ、魚釣、狩猟、玉突き、その他運動と共に多分に遊戯的気分があるものは、一切これに手を染めなかったのである。だから私は、碁も将棋もトランプもカルタもやらない。まして花札や、マージャンなどはなおさらである。（聖中心道肥田式強健術）

また、勉学に励んだのは勿論、自ら編み出した強健術をさらに改良するため、各運動法の研究にも余念がなく、睡眠時間を割いて世界各国における、健康法、体育法を研究した。

そして、柔道は予科の時代から熱心に学び続けた。春充によれば、高等予備校時代より明治大学政治科卒業に至るまで五年間、絶えず柔道部の委員を嘱託されたという。

明治大学高等予備校から政科大学卒業に至るまで、五年間引きつづいて学友会員に選抜されて＝そのため卒業後、銀杯と感謝状とを贈られるの光栄を受けた＝柔道部に事務を執り、また三段福田常雄君と共に五段内田作蔵先生の助手をつとめたから、部員諸君の勇健な動作を観察して、自ら啓発した所も少なくなかった。（心身強健術）

ここに登場する、内田作蔵は、雅号を老鶴ともいい、春充は別の部分で、内田硬石とも呼んでいる。もし、硬石という雅号だとすると、右翼の大物、黒龍会の内田良平（一八七四〜一九三七）のことになる。内田良平は、講道館柔道を教授しており、その自伝によれば、慶応大学等で教えていたが、明治大学で教えていたかは定かではない。

7 「気合い」の導入

この頃より強健術に「気合い」を取り入れるようになった。これは、強健術の発展史上見逃せない改良点であり、強健術を大きく変貌させる要素として大変重要である。なぜなら、この「気合い」が発展して後の「正中心」、「聖中心」に結実するからである。この気合いを取り入れた時期を、処女作『実験　簡易強健術』の中では、次のように述べている。

私がこの氣合ひを体操に加えるようになったのは、いまだ四年ばかり前のことである。

『実験　簡易強健術』が出版されたのが、大学を卒業した翌年の明治四十四年であるから、それから四年程前というと、ちょうど予科を卒業して大学に進学した頃となる。

それまでは、先にも見てきたように楚人冠の書よりヒントを得て、腹式呼吸を強健術中の呼吸操練法に組み込んでいた。これが、東洋的な養生法、呼吸法を取り入れた最初であったが、それは、西洋的運動法、特に胸式呼吸法を基礎とした強健術を補うのが目的であった。

先にも指摘したように、西洋的な呼吸法と、東洋的な養生法の類似を指摘し、比較したのは楚人冠であり、また、西洋の呼吸法に欠けている腹式呼吸が、東洋でいう所の丹田の鍛練であり、腹式呼吸で重要な横隔膜の操練が、丹田の医学的、解剖学的見地であることを見出したのも楚人冠である。
楚人冠の意見を読めば、西洋の運動法と東洋の養生法を組み合わせれば、理想的な運動法ができるではないかと考えるのは、ごく自然なことである。春充も同様に考えた。

完全な人体を造るために、私は多くの目標を樹立し、またその大体の方法を定めた。そうして出来上った型は、学理的根拠に立脚した西洋式色彩のものであった。（聖中心道肥田式強健術）

ここで春充は、自身の強健術を、「科学的根拠に立脚した西洋的色彩のもの」であったと明言している。また、この頃は、強健術の重要な概念「中心」、「丹田」、「気合い」などの要素はまだなかった。少なくとも、先に指摘した「原強健術」――春充が虚弱から強健へと肉体を改造した強健術――においてはそうであったに違いない。その後、楚人冠等の著書よりヒントを得て、西洋と東洋の優れた点を統合して、理想的な運動法を創造しようとしたのである。

私は考えた。科学的西洋式に組織された型を実行するのに、日本武道の精髄たる気合をもってし、精神的に生命をぶち込んでやったならば、願い通りの効果を完全にする事が出来るであろう。そうだ。西洋式運動に、日本武道の精華を織り込んで、世界優秀の方式を編みだしてやろう。そうして、伝説に聞くギリシアの軍神のような素晴らしい均整美の体格を造ってやろう！これこそ熱狂的興奮に燃えた当時の私の小さなアンビーシヨンであったのだ。そしてまた実に将来、光明歓喜の法悦境―聖中心道に悟入する第一歩になったのである。（聖中心道肥田式強健術）

また、これに似た発想は、春充が参考文献の一つに掲げている、明治三十七年発行の『体力増大法』という書物の中にも見られる。すなわち、この書では、肉体的な運動法に、〝精神的運動法〟を加味した運動法を紹介するのであるが、この〝精神的運動法〟というものが、呼吸によって下腹部を緊張し、丹力を養成することなのである。そして、これは、古来の武術の極意と合一するものであるとしている。

その気合を春充は、初め書物を読んで会得しようと試みた。当時、丹田を鍛える修養法は多くの書物が触れている。

私は田舎にいて、柔道の本を読破してその術に達しようと努めたことがある。この書はすいぶん丁寧な解説を施して、一々絵をもってその説明はしてあったが、この『氣合ひ』の術にいたっては一言も言いおよんでいなかったので、ただその形を得られるばかりで精神を会得することが出来なかった。

（実験　簡易強健術）

始めは撃剣、柔道その他武芸に関する書物を調べたり、角力や剣舞や礼式の本まで読んで見た。

（実験　簡易強健術）

さらに、気合を求めて踊りや軽業なども観察した。

東京に出てからは、舞や踊りや旧派演劇や軽業のようなものにいたるまで努めてその有様を観察した、貞奴（川上さだやっこ：一八七一～一九四六　女優）のダンスも見た云々。（実験 簡易強健術）

また、中学時代より始めた柔道と撃剣は、気合いの修得に大いに役立ったに違いない。春充は、柔道の技をかける際の動作に大きなヒントを得ていた。

柔道では、敵を倒す準備の姿勢を『作り』といって力を入れない。いよいよ投げるという場合に瞬間の力を加える。これを、『掛け』という。この調子をもって、この運動をしたいのである。（実験 簡易強健術）

中学時代は、気合を特に強健術の中には、取り入れてはいなかったが、自身の体感、感覚としてはかなりはっきりしたものがあったようであり、そのおかげで柔道、撃剣の上達は早くなった。

その頃は無論、今日の様にはすべてが明確になってはおらなかった（傍点著者）とはいえ、なほ私が独自の運動の効果があらわれたのである。すなわち『氣合』―『腹力』の修養によってこの術の呼吸を他の人よりも早く会得することが出来、六ヶ月目には助手は遂に私を投げることが出来なくなって、ただ

ちに巻物を与えられるに至った。（実験 簡易強健術）

ここで、春充が、「今日の様にすべてが明確になってはおらなかった」と言っていることに、注目したい。つまり、気合をある程度認識し、それを応用することは出来たが、はっきりとその原理を理解し、それを強健術に導入するまでには至っていなかったのであろう。

8「気合」とは

それでは、ここで春充が「気合」と述べているものは何であろうか？　またそれは、後に「正中心」と呼ぶ、文字通り強健術の中心概念となるものと、どのような関係にあるものであろうか？　これらについて、これより詳細に考察してみたい。

まず春充の初期の著作では、気合をどのように解説しているのかを見ていこう。

さて重要問題とは何か、それは他でもない『下腹部の緊張』である。下腹部の緊張と言っては、なお生理的すぎる嫌いがある。いわゆる氣海丹田に氣膽を練ること、柔道、剣術でいう『氣合ひ』を込めるのである。（実験 簡易強健術）

ここで春充は、『下腹部の緊張』＝『氣海丹田に氣膽を練るもの』＝『氣合ひ』であると述べている。この解説は、処女作『実験　簡易強健術』の中で最も詳細に『氣合い』について説明している部分の一つであるが、いまだ抽象的な表現が多く具体的なイメージがつかみづらいものがある。次の文は、これをさらに具体的、生理的に次のように解説している。

『氣合ひ』の説明はどこまで行ってもついに抽象的に終わってしまうが、少しこれを生理的に説明して行くと、すなわち私の運動法の通則たる『下腹部の緊張』である。（実験 簡易強健術）

その根本通則とする氣合つまり下腹部緊張を修練し、よくその形にとらわれずに精神をとり、この運動を規則的に、真面目に、熱心に継続されたならば、私は誓って諸君の健康が増進し、筋肉が著しく発達すべきことを信じるものである。（実験 簡易強健術）

下腹部の緊張は、もっとこれを生理的に言えば『腹式呼吸』によって鍛えることである。つまり、横隔膜の操練によって腹部諸機関を圧下すると共に、下腹部筋肉を緊張させて臍下一寸五分（約四・五センチ）の所に力を込め、同時に精神を平静にし、注意力を集中し、しかも無我無心にならねばならぬ。これきわめて変なようであるが、この矛盾の妙を味わってもらいたい。（実験 簡易強健術）

つまり、『下腹部の緊張』＝横隔膜を操練して、下腹筋肉を緊張させ臍下一寸五分の所に力を込める、ということになる。

さらに後の著作になると、解説はさらに生理的、解剖学的になる。

ところで下腹の緊張、即ち腹筋の緊張といっても、腹筋には斜腹筋と腹直筋との二つがあるが、私のいわゆる腹筋の緊張はこの臍下にある腹直筋のみであって、斜腹筋は関わらないのである。呼吸を工夫し、精神を定め、心を空にして安らかに、こうしてこの腹筋鍛錬を続けて行く中には、自然『氣合』を会得することが出来る云々（腹力体育法）

下腹部の筋肉を緊張させると共に、内臓的には横隔膜を操作することになる。

なお一言しておきたいことは、腹筋の緊張もしくは緊縮の場合は、必ず横隔膜の圧下を伴うことである。横隔膜の圧下は、血液の循環を旺盛にし、また直接心臓に余裕を与えるから、自然に元気の充実を覚え、精神が平静に安泰になって、敵に向かって少しの隙なく、物事に対応して変幻自在の妙を得ることができるのであるが、これは腹式呼吸によっても鍛えられるけれど、むしろ『氣合』によって練った方が一層顕著な効果を収めることが出来る。（聖中心道肥田式強健術）

ここまでのことを整理すると、

「気合い」＝「呼吸に伴う下腹部の緊張」＝「腹筋、特に腹直筋の緊張」＝「横隔膜の圧下」ということになる。

これは、春充の主著『聖中心道　肥田式強健術』の次の記述によっても確かめることが出来る。

私は考えた。科学的西洋式に組織された型を実行するのに、日本武道の精髄である気合を用いてやり、精神的に生命をぶち込んでやったならば、希望通りその効果を完全にする事が出来るであろう。そうだ。西洋式運動に、日本武道の精華を織り込んで、世界優秀の方式を編みだしてやろう。

（聖中心道肥田式強健術）

私は、何という思いもかけない幸運か、何という果報か、心身鍛練改造の始めに当たって、日本武道の精華たる腹力を基礎としようと決めたために体育上、夢にも思いかけなかった驚くべき効果を獲得し、さらに意図せずして精神的光明の別天地を、自己の内に開拓するに至った。（聖中心道肥田式強健術）

私は最初、体を丈夫にしようとして、西洋流の生理解剖によって組織した方法を、日本武術の根底たる腹の力でやることにした。（聖中心道肥田式強健術）

ここで春充は、「日本武道の精髄である」「気合」を「腹力」、「腹の力」と言い換えていることに注目したい。そして、「腹力」は「横隔膜の緊張」であるとも述べている。

横隔膜の緊張力の強弱は、胸腹部内臓機関の強弱の標準となり、腹力の強弱に正比例する。したがって横隔膜の緊張力の強弱は、直接その人の強弱をも物語るものであるといっても、差し支えないのであると私は考えている。（聖中心道肥田式強健術）

このような例は他にも見出すことが出来る。

運動回数は、増加の必要はありません。腹力即ち氣合に熟練したらさらに減少してもよいのです。
（体格改造法）

ここでは、はっきりと「気合」＝「腹力」と述べている。

その根本通則とする氣合即ち下腹部緊張を修練し、云々（実験 簡易強健術）

ここでは、「気合」＝「下腹部緊張」としている。

つまり、春充が説く「気合い」とは、呼吸によって、横隔膜が圧下し、その結果下腹部が緊張し、臍下一寸五分（丹田）に力が入る＝腹に力が入る、腹力が出来る、ということになる。これをまとめて、春充は次のように解説している。

このように言って、『氣合』の妙諦はついに具体的に説明することは出来ぬのであるが、これをごく平易に生理的に分かりやすく言えば、氣海丹田に力を込めることである。『腹筋の緊張』によって、自分の呼吸を定めることである。私はこの通則たる『氣合』を『下腹部の緊張』と名づけた、下腹部の緊張

は決して『氣合』の全体ではない。この点は特に注意を願っておく。（腹力体育法）

もっと解かりやすく具体的にいうと、氣海丹田に力を込める事である。さらに生理上から極めて平易にいうと、私が時々繰り返した所の『下腹部の緊張』ということになる。解剖学的にいえば『腹直筋の緊張』である。すなわち横隔膜の操練によって、腹部諸機関を圧下すると共に、下腹筋肉を緊張させて、臍下一寸五分（約四・五センチ）の所に力を込めるのである。下腹部の緊張は『氣合』の全体ではない。けれどもその最大要件である。その根底である。しかもこれを体育に応用し来たった場合、私は飽くまでも科学的に、『腹直筋の緊張』を以って充分だとするのである。これだけ理解して置いて呼吸を工夫して、精神を定め、注意力を集中し、そして心を安らかに空にして、そのようにしてこの腹筋の鍛錬を続けて行くならば、その矛盾の妙境から自然と『氣合』は会得されて来るのであろう。（心身強健術）

こうして「気合」とは、生理学的な面に限定して言えば、「横隔膜の圧下」＝「下腹部の緊張」＝「腹直筋の緊張」＝「氣海丹田に力を入れる」ということがはっきりとする。

また、春充は気合について次のようにも述べている。

鍛冶屋の槌の上下にも、理髪師のハサミの開閉の中にも『氣合』はある。機先を制して、人を服従させるのも『氣合』である。率直に行動して、意外の実効を収めるのは、皆『氣合』の力である。一応これを自得といい修養とは言え、要するに諸君自身が、自ら備えている自然の力に外ならぬ。『氣合』は自然的に、人の動作の根本をなしているものである。いいや、それのみならず、虎が飛びかかろうとする時、鷹が飛ぼうとする時そこに『氣合』は生ずるのである。追い詰められた鼠が、かえって猫を咬むのは、そこに『氣合』が充ちて来るからである。（心身強健術）

鍛冶屋の槌が上下することにも、理髪師のハサミが開いたり、閉じたりすることの中にも、気合は存在するというのである。さらには、気合は特別なものではなく、我々自身が備えており、自然の力に他ならないとまで言い切っている。その例として次のようなものも挙げている。

凡人といえども高い所から落ちる時なんか、氣合ひは思わずドッと充ちて来るので案外怪我をしない。（実験　簡易強健術）

氣合とは何か。ポスッ！　ピシャッ！　という勢いである。ただそれだけである。（心身強健術）

ブウ。ウン。ピシャッ。テン。シュウ。グワン。ポカッ。ドオン。バサリ。ドタン。ピュウ。ポス。プルル。ドシン。ドタン。サツ。ペタン。アツ。エイ。ガラガラ。ゴオ。ヨオ。ブウン。パッ。タタタタタタタ…これらは皆な氣合である。（体格改造法）

最後の一文は、オノマトペの連続であり、それもほぼ日常の動作、身の回りに起こる事象に関するもののようである。また、このような日常の人間の営みの中に見える「気合」の例として、昭和六年十一月に大阪衛生博覧会に陳列する強健術の写真を撮影した森川愛三の撮影の様子を挙げている。

その時の動作は『気合」が充ち満ちていて、我を忘れて仕事に熱中する同君の態度を見て、流石に一流の大家になる程の者は違った所があるなと、私は深く感動させられた。助手との気合もピタリと合っていて、館主がヒョイと手を動かしても、ちょっと目配せしても、助手は響きの声に応じるように、素早く働いた。館主と助手との心手共に、一体の観があった。（中略）終わって森川君は、今日は実に愉快でしたという。私もまた『気合』の入った仕事振りを見て、実に嬉しく感じたのであった。

（聖中心道肥田式強健術）

森川の撮影の様子に、気合が籠っていたという。ここで例示されている気合とは、決して神秘的なものではない。普通の人間が、一心に仕事をしているその中に、気合が充ちていると言うのである。

また、気合を原則とする強健術の型を、女性に勧める際に次のような解説をしている。

婦人でこの練習法をやろうとする者は、第九の胸腹式呼吸法は無論よい。第一の甲乙、第二、第六もよい、これは両椀の運動が主眼であるが、氣合ひを込めるから一般の健康を進める。（中略）下腹の緊張

につとめることとは、婦人といえども必要のことである。（実験 簡易強健術）

このように、気合（＝下腹の緊張）は決して難解なものではなく、特に武術などの経験の無い女性にも行うことが可能なものなのである。

また、ここで注目したいことは、「気合」は決して観念的なものではなく、物理的、生理的な方法であり、感覚的にはっきりと分かる肉体操作法だということである。下腹に力を籠める、下腹を固くする、このような肉体的操作が「気合」の基礎となる。観念的に、丹田に意識や気を集中するとか、そこに熱感を感じる、あるいはそこに光などを感じるなどのような心理的操作とは明らかに違う。これら観念的な方法は、一歩間違えると出来たように錯覚、想像して実質がともなわない場合もあり、出来たのか出来ていないのかやっている本人ですらはっきりと分からないという曖昧さが多分にあるが、肉体的にはっきりと実感できる「気合」はそのような錯覚が起きることがなく、感覚的、肉体的にはっきりとした実感があるため万人が行うことが可能なのである。

9　同時代の丹田の捉え方について

ここで、当時の〝丹田〟についての解説をいくつか見て、春充の下腹部に力を籠めて固くする「気合」がそれほど特別なものではなく、むしろ丹田を語る際多く用いられていた方法であった事実を確認してみたい。

当時、足立栗園（生没不詳）という人物が、「養生法」「呼吸法」について一連の著作を出していた。それらを発行年代順に列挙してみると、『養気法』明治四十一年四月東亜書院発行、『膽力之鍛錬』明治四十二年五月東亜堂書房発行、『心身鍛錬　静坐内観秘法』明治四十五年六月東亜堂書房発行、『心身調和長寿法』大正三年五月栄文館発行等があり、当然春充もこれらの本を読んで参考にし、文章を様々な著書に多数引用している。

足立は、仏教、儒教、道教、禅などに伝わる養生法、内観法等をその原典にさかのぼり解説し、それと現在の医学的知見、流行している健康法などと比較している。

そしてその著書の中で次のような苦言を呈している。

思うに近ごろ世に行われる各種精神療法（ここでは主に藤田霊斎の藤田式息心調和法と岡田寅次郎の岡田式静坐法を指す　著者注）のような、もちろんどれほどかの効能あるはずだと言っても、多くは内観静坐に関する知識が乏しいことにより、これを修する者、多くは過信迷妄に陥り、その弊害を受ける事がはなはだ多い。これが、本書を公にするに至った志である。（心身鍛錬　静坐内観秘法）

これによれば、近年行われている各健康法はその原点となっている内観静坐法の正確な知識を欠いているので多くの弊害が現れている。そこで本書を公開したのだという。そして、

本書は以上の目的のもとに、内観法および静坐の起源、由来を叙述し、かつその真相、実質を描き出し、世の人に出来る範囲でこれらの精神療法を実行する手助けになることを期した。このため、我々の作業上および強健法上に、内観静坐などが果してどれほど関係あるかの要点も論述した。

巻末に夜船閑話を始め、藤田式、岡田式などという精神療法の著書をも略論した。これはつまるところ世の人に、民間治療の効果と価値とを、充分に体験し認識していただくためである。

（心身鍛錬　静坐内観秘法）

このように、各健康法の元となっている内観法、静坐の起源、由来、実相を詳述して現在行われている各種健康法の効果を確実なものにしたいと考えていたのである。

彼が引用している古典は、『大集経』、『法華経』、『摩訶止観』、『小止観』、『卍庵法語』などの仏典、『黄帝

内経』、『老子』、『荘子』、『抱朴子』、『淮南子』、『孟子』、『朱子』などの中国の古典から、日本の白隠禅師、平野元良等の養生法、また春充も大きな影響を受けている石塚左玄の食養論など多岐に亘っている。

また、ほぼ同時代（明治四十五年）に、高梨初治郎（生没年不詳）という人物が発行した『先哲　呼吸強健術』という書も、現在流行している呼吸法や静坐法は、それらの創始者の創意ではなく、先哲の実験研究に由来するものであるとして、白隠禅師、貝原益軒、平田篤胤等の原典をこの本で紹介している。これより彼等の引用する古典の中より、下腹に力を籠める方法を説いたものをいくつか見て行きたい。

始めに見るのは、印度より中国を経て伝わって来た、坐禅、養生法、中国医学等を内観法として集大成した江戸時代後期の医師　平野元良（一七九〇〜一八六七　櫻寧室主人）の『病家須知』という著書からの引用である。

すべての用意は、腰をもって下腹を前へ押すようにすれば、下腹に力が入って、下腹に氣が充実し、息も下腹に至って、胸のあばら、みぞおちにつかえが無く、全身の力が下腹と腰のあたりにあることを感じるべきである。（心身鍛錬 静坐内観法）

ここでは、腰を以て、つまり腰で下腹を前方に押し出すようにすれば自然に下腹に力が入ると述べられている。そして、胸やみぞおちにつかえるものがない、つまり上半身の力が抜けて、全身の力が下腹と腰回りに籠っていることを感じるべきであるとも述べている。この文は、春充もその著書『強圧微動術』の中に引用しており、重要視していたことがわかる。「下腹に氣充実し」と述べられて一見観念的な「氣」が述べられているようではあるが、それは物理的に下腹に力が籠った状態を指しているのは明らかである。しかも、腰を使って腹を前に押し出し力を入れるという部分は、後に春充が「腹力」をさらに発展させた「腰腹同量の力」とも関係する重要な方法である。

また、同じ平野元良の『養生訣』には、次のような記述がある。

下腹、ヘソ下が充実してはりつめ、みぞおちより上にコリ、つかえがないものは、病気にならないばかりでなく、精神もよく落ち着き仁義の道を心がけ、なにかを決断しても間違いがないものである。

（心身鍛錬 静坐内観法）

下腹に力が満ちて張りつめて、みぞおちより上に凝りつかえがない者は、無病であるばかりではなく、精神も安定して仁義の道を通し、決断にも間違えがないという。ここでも、腹に力を入れることが生理的、具体的に解説されている。そして、それが治病に役立つばかりではなく、精神にも好影響を与えると解説している点は、肉体の操作により精神を機械的に支配する強健術とも共通する重要な指摘である。

また、平田篤胤の『志都乃石屋《しずのいわや》』には次のような記事が見える。八十四歳の高齢まで生きた平田の父は、三十歳過ぎまで多病であったが、それから臍下に氣を練り込む修法を行うようになった所無病となったと語

り、その腹を出して平田に触らせた所、

中国医学で中焦とよばれるあたりの鳩尾の所をすぎて、下焦と呼ばれる臍の下のあたりが張って固いこと、こつこつと音のするようであったでござる。（先哲 呼吸強健術）

鳩尾を過ぎて下腹は石のように固く、音がするかのようであったという。ここにも、下腹に力が入っている様子がありありと描かれている。また平田は、白隠禅師の『夜船閑話』に出て来る内観法について次のように述べている。

その内観の方法と言うのが、右に申した通り、氣海丹田に力を張るやり方でござる。（先哲 呼吸強健術）

ここにも、氣海丹田つまり下腹に力を張ることが内観法の要諦であると述べられている。

また、明治四十二年に発行された、熊代彦太郎著の『心身鍛錬呼吸健康法』には、内観法や養生法とはまた違った次のような興味深い例が述べられている。

明治期に没落した能楽を再興したことで有名な観世流の名手梅若《うめわか》実《みのる》（五十二世梅若六郎一八二八〜一九〇九）が、日本美術を海外に紹介した功労者アーネスト・フェノロサ（Ernest Francisco Fenollosa 一八五三〜一九〇八）に謡曲を教授した時のことである。稽古が一通り済んだ時、それを長椅子で聞いていたフェノロサ夫人が、フェノロサに向かって「あなたは、咽喉から」と言い、梅若には「この方は、臍下《はら》から」と言ったという。これを、熊代は次のように、解説している。

これはつまりフェノロサの声はノドから出る、梅若翁の声は臍下丹田から出るという批評であったのである。これは要するに謡曲の極意は、肩を引き胸を張り、臍下を充実させて謡う事にあるのだ。（臍下に力を入れると同時に膝の横側を打つのが法である）（心身鍛錬　深呼吸健康法）

ここでは、謡う際の発声においても下腹に力を入れた状態が秘訣であるとの指摘である。また、腹に力が入っているかいないかの違いは、フェノロサ夫人のような素人にも明らかに聞き分けることが出来たという非常に興味深い逸話でもある。

ここに至って、臍下丹田に力を籠めることは、健康法、治病だけではなく謡曲など芸事の秘訣にまで広がる。このことに関し平野元良は『延寿帯効用畧記』において次のように述べている。

天には天の中心があり、地には地の中心があり、万物に皆中心がある。とりわけ人の身体は小天地であれば、その身体にもまた中心がある。その中心はこの臍の下、両股の上のいわゆる丹田というものであって、この中心の氣が天地の中心の氣と一ツに貫き通してして、耳が音を聴くこと、目が物を視ることより、一切の行いが、すべてこの中心の枢軸の力を用いるようにすること、たとえば車輪の輻（ふく：スポーク）は轂（こしき：ハブ）に集まっているが、この轂と軸の中心の釭（かりも）という金属部品に油をぬり、車を引くとよく回るように、また回転灯籠の、燭火の力によって回転する回転筒を支える軸柱が少しも傾くことがないようにすれば、この身がそのままに天地と一体となるので、不思議の力の用を行うことが巧妙になるのは、このような自然の道理があるわけである。弓術、馬術、鎗術、剣術などの術より音曲、書画などの芸事の極意に至り、人の思わぬことを行うことが出来るのは、すべてみなこの臍下丹田より発する輝きによることを知り得たならば、必ずその奥義を究められるのは、すべてこの一つの原理が貫いているからである。（心身鍛錬　深呼吸健康法）

このように、人体の中心である丹田を用いることにより、武術、書画、音楽にいたる諸芸の極意を得ることが出来るのだと述べ、別の場所ではその具体的例として、鼓、書道、茶道の作法、乗馬、弓術を挙げている。これは、春充の草案した強健術が「万芸の泉」と呼ばれていることと相通じる。これまで、強健術は「万芸の泉」であることは、それを知る人々が喧伝してきたが、それでは何故「万芸の泉」なのかは、明らかにされてこなかった。ただ、強健術の独特の型にその秘密があるのではないか、程度のことしか言われてこなかったのである。

だからその型を正確に、繰り返しやっているうちに理解できるものなのだと解釈されていた。しかしその秘訣は、強健術の型そのものではなく、型を成り立たせている「気合」＝「腹力」（後の中心力）、簡潔に言えば下腹部に力を入れることにあったのである。これこそが、強健術を成り立たせる最も重要なポイントであり、諸芸の奥義であったのである。

この「気合」(中心力)が抜けた型のみの強健術は、ボディーやシャーシはあっても、肝心のエンジンを搭載していないハリボテの自動車のようなものにたとえることが出来よう。見た目は立派であるが、実際の効果はないに等しい。

これまで、強健術をやってみたが、全く効果がなかった。あるいはその独特の腰の反り方(これは後に詳細に触れる)をまねて、かえって腰を痛めたり身体を壊したという話を多く聞くことがあったが、これは形だけをまねて最も肝心な「気合」(中心力)がスッポリ抜け落ちていたことによる。

この下腹に力を入れて強健術を行う最重要な点は、後に春充の最大の理解者の一人、村井弦斎の強健術に関する評論を見ていく時に再び詳細に触れることになる。また、静坐を行っている際下腹に力を入れさせ、それを春充自身が拳でグイグイ押して「気合」(中心力)が確り出来ているかを確認している様は、春充の義兄弟にして修養団主催、蓮沼門三の天幕講習会の様子を述べる際に触れることになる。

この下腹部に力を入れる「気合」(中心力)が「万芸の泉」であることについて、春充は次のように述べている。

> 私の練修法で正しく中心力を造った場合の姿勢は、座ればそのまま最も正しい座禅の形となる。槍を執り、薙刀を執り、刀を執ればそのまま、一分の隙もなき武術の姿勢となる。この形を以て演壇に立てば、堂々の風姿は満場を圧倒する。(実験　根本的健脳法)

これを以て武術を学べば、たちまちその真に到達し、これを以て禅を修めれば、すぐにその妙境を極め、これを以て書道に進めば筆力勇健、これを以て仕事をすれば能率最高、行く所として、可ならざるは無しである。（聖中心道肥田式強健術）

春充がここで述べている「中心力」とは、これまで考察してきた下腹部に力を籠める「気合」をさらに深化させたものであり、後に詳細に考察することになる。ここにおいて春充が「中心力」という用語を使用し、平野元良が人体の「中心」を「丹田」であるとして、お互いにその運用があらゆる芸事の元であるとし、健康、治病の要であると説き、そしてどちらも具体的方法を、下腹に物理的に力を籠め固くすることを説いている事実は重要である。そのことを春充は、謙虚に次のように述べている。

これは、別に私一個人の独自の新法でもなく妙術でもなく、前代の哲人、昔の聖人達がことごとく実践体得されて、口を極め、筆をつくして称え、導かれた所のものに外ならない。（聖中心道肥田式強健術）

このように春充の考案した、「気合」を用いる強健術は、実は先人の切り開いた丹田応用技術の最も正統な後継者であったのである。

10　気合の導入による強健術の変化

以上で、気合とは、腹式呼吸によって横隔膜が下がり、腹部内臓器官が圧下され、腹筋、特に腹直筋が緊張して、下腹部いわゆる丹田が緊張してそこに力が入った状態であることが判明した。

この気合を強健術に取り入れたのが、先にも見たとおり、大学に進学した頃である。そしてこの気合を取り入れたことにより、強健術は大きな進化を遂げ、それまで問題となっていた点を一挙に解決することになるのである。

その問題点とは、これまでの考察によれば、以下のようなことであった。

一点目は、サンドウの運動法を流用するとどうしても、鉄亜鈴を使用することになり、運動に対する五つの要求の「第四、運動に道具を要さない」という条件が、クリアできなくなってしまうこと。

二点目は、五つの要求の「第五、運動に時間を要しない」条件を満たすため、重い鉄亜鈴を使用すると内臓を痛めるので、軽い鉄亜鈴を使用することにしたが、そうするとかえって時間がかかってしまうこと。

これらの問題を解決するために、春充は、鉄亜鈴を捨てて、重いものを持っているとの、観念を抱いてその意思力を利用してやって見たのであるが、この方法によれば、上記二点の問題は、一応クリアできる。しかしこれでは、「エリザベス・タウンの太陽叢覚醒法」を批判した、「運動と観念の分離」の原則に反することになってしまう。

以上の、運動に道具を用いない、時間を要しない、内臓を痛めない、運動と観念を分離するという条件のほとんどを、春充は気合を導入することにより解決したのである。

11　運動時間の短縮

実際に、「気合」による運動時間の短縮に成功するのは、やや後の第二作目の著書『腹力体育法』を執筆した時期になる。それまでは、サンドウ鉄亜鈴運動法等と同様の「運動の過激」による内臓への悪影響を避けるため、強健術のいくつかは、その動作をゆっくりと行っていた。その問題をどのように解決したか、具体的な詳細は『腹力体育法』に触れる際に見て行くこととして、以下少々先走ることになるが、気合導入による運動時間短縮について見ていきたい。この「時間を要しない」要件と「気合」について、春充は次のように述べている。

さらに、この運動法に氣合を加味するに至り、回数を多くする必要がない事を悟ったのである。
（実験　簡易強健術）

体操を氣合でやる。これは私の運動法における一大特色として前に述べた所であるが、これ実に、私の運動法の生命である。これなければ僅少の時間で多大の効果を収めることは非常に難しい。
（実験　簡易強健術）

私の運動法で、運動回数が少なく、時間を必要としないのも、これのためである。『気合』を込めて運動をやれば、時間を永くやる必要は―断じて…無い。（聖中心道肥田式強健術）

では、なぜ気合を込めて運動をすると、時間を短縮することができるのであろうか。春充は、柔道を例に挙げて解説する。

それから筋肉の緊張法であるが、これは閃電的に力を入れて抜いてしまうのである、氣合ひを込めてやるというのはつまりこの所である。柔道では、敵を倒す準備の姿勢を『作り』といって力を入れない、いよいよ投げるという場合に、瞬間の力を加える、これを『掛け』という、この調子をもってこの運動をしたいのである。私はこれを練習法の上に応用するにいたって、はっきりと運動時間を減少することが出来たばかりでなく、活気も入って来るし疲れることもなく、効果の上からいっても非常の差である。この呼吸さえ分かれば、運動は時間を長くする必要はない。（実験 簡易強健術）

つまり、柔道における「掛け」の要領で、瞬間的に下腹部に力を込めて、その後力を抜くのである。これを春充は、「気合を込める」と表現している。

運動を閃電的にやってのけるように、この腹部にもまた閃電的に最大緊張を与えて、十分に申し分なく

鍛錬すればよい云々（心身強健術）

運動回数は、熟練すれば、まだ減じてもよいのであるから、形ばかりを学んで、無定義、無気力なやり方をせぬように希望する。我々は力技をやるのではない、強健な体躯を練るのであるから、増加率の必要はない。そんな煩瑣なもの一般的な運動法として最も避けるべきものである。私も、これのためにはいくら頭を使ったか知れぬ。すぐに飽きてしまったのである。時間が、かかって継続を困難にする。これは実行上、すぐに直面して分かることである。私の方法は氣合ひを加味しての熟練の結果は、反対に回数を減少することが出来た。現に私は数年来、この練習法のために十分以上を費やしたことがないし、やる暇もなかった。それでも若々しい体と心を保っている。理屈はとにかく、熟達すれば断じて多くをやる必要がない。（実験 簡易強健術）

以上のように、気合を取り入れ〝瞬間的に下腹部に力を入れる〟ことにより、〝時間の短縮〟の目的は達成することが出来たのである。

12　集約拳の導入

次に、「運動に道具を用いない」要件の解決策として春充は、中学で学んだ竹内流柔術の拳の握り方を導入した。

そこで私は、買い集めた二十ポンド、十ポンド、五ポンドなどの亜鈴を全て捨てて、遂に三ポンドを買ってこれを使用して見た。すると、のびのびした、自由な、楽な、自然な発達を促す心持ちがしたが、さらに進んで当て身の法を学び、私の運動法における拳の握り方を知ると、ついに全て亜鈴を捨ててしまったのである。これには無論内臓の壮健を期待する意味もあるが、この握り方による時には、ちょうど一ポンドの亜鈴を持ったのと同じくらい前腕のすべてがしまってくる。（実験 簡易強健術）

さてその方法とは何であるか、それは手の握り方である。これは柔術の『当身』から来た握り方であるが、この握り方で急所を突かれると、たいていは気絶してしまうくらい恐ろしいものである。それは武術の方面のことであるが、体操の時これをやってどんな効果があるか言うと、前腕が寸分の隙間なくすっかり緊っていてちょうど軽い鉄アレイを持ったのと同じことになる。（実験 簡易強健術）

しかも鉄亜鈴の様に疲労したり、脳に振動を及ぼしたり、内臓機関を圧迫したりする事は無い。まして、いわゆる『サンドウ肋膜炎』を起こす様な心配は少しも無いのである。（心身強健術）

さらにこの運動法に氣合を加味するに至って、回数を多くする必要がないことを悟ったのである。

（実験 簡易強健術）

柔術ではこの拳の握りを、当身に利用しているが、春充はこの握り方を、鉄亜鈴を持つことの代用にしたのである。その理由のひとつは、鉄亜鈴を持った時より、前腕の筋肉がよくしまることを発見したからである。鉄亜鈴を持った時の腕の状態を春充は次のように考察する。

鉄アレイを持っても、本当に言うと寸分の隙もなくしまるとは言えない。ただし、重いものを持てば、その運動で主要な働きをなす筋肉以外のものの、間接的な緊張も中々強く出来るから、云々

（実験 簡易強健術）

先に考察したように、サンドウも春充も鍛える目的の筋肉のみを緊張させる〝一筋の緊張〟を重要視する。しかし、鉄亜鈴を用いると目的以外の筋肉も緊張してしまうのである。ところが、集約拳の握りは、ちょうど前腕筋の筋肉のみが、全体的に確りと緊張するのである。

一種の拳の握り方に、気がついた。人差指と中指との前に、親指を折って寄せつけ、薬指と小指とでこれを押えて握る。そうすると、前腕諸筋肉の緊張が平均して、ちょうど軽い道具を持ったような感じがする。（川合式強健術）

一言にしていえば『この拳の握り方は、前腕諸筋肉の緊張力を平等にする』。（心身強健術）

この握り方を、春充は〝集約拳〟と名付けたのであるが、その握りの構造、システムに関する考察は、自らの体験を詳細に分析したものである。

腕を垂れた時は、親指へは全然力を入れなくても亜鈴が持てるし、持ち上げるにもこの親指には力は全然入らない。ただ肩まで上げて亜鈴を保持するため、始めて親指がちょっと役に立つばかりである。とにかく普通の握り方をやって、出来る限り力を込めて見ても分かるが、一番力が入らないのは親指である。小指などはちっぽけでも中々しっかりする。このように小指は非常な重さにも耐えるが、親指には力が這入らない。最も太い、最も強そうな親指が、これを握った場合には一番弱くなってしまう。

（実験 簡易強健術）

ちょっと面白い例を挙げて見ると、肘を曲げて上膊二頭筋が完全に緊張する様にし、そして小指に棒を支えると、小指ばかりで自分の体重と同量のものを、その棒の上に乗せても、平気で保っていられるのである。筋肉の組織と、力の原理とを知らない人は、これを見ていかにも不思議なことに思って、怪力であるというけれども、これは誰にもたやすく出来ることである。弱そうな小指には、そんな大変な重量にも堪える力があるのに、親指には思うように力が入らない。（心身強健術）

自身の体験を詳細に顧みて、親指よりも小指の方が力が入り易いことを見出すのである。その小指を使って、弱い親指の握りを補助しようとしているのが〝集約拳〟なのである。

それは人差し指と中指とを曲げて、その前へ親指を折って寄せつけそれを緊縮力の強い薬指と小指とで押えるから、握った場合力強い四指総がかりで親指の緊縮を助けることになり、つまり五本の指がすべて相助けて締まって来るからである。（川合式強健術）

それまで、この柔術の握り方を学んだ人物で、これを当て身に利用する者は存在したであろうが、前腕筋の緊縮を助けるため、親指の握りの補助を薬指と、小指で助けるために利用しようと考えた者は、春充一人だけであったに違いない。漫然と柔術を学んでいたのではなく、強健術を少しでも理想に近づけるため、アンテナを張り巡らせ、貪欲に様々な運動法、武術の長所を取り入れようとするその態度が、ただの当て身の拳に過ぎない握り方に、大きな価値を見出し、それまでの強健術に欠けていた要素を補完し、強健術をより完璧なものに造り変えたのである。春充自身も、集約拳について次のように評している。

こんな奇妙な握り方を採用した体育法は、恐らくは世界の何処においても、他に見ることは出来ぬであろう。（心身強健術）

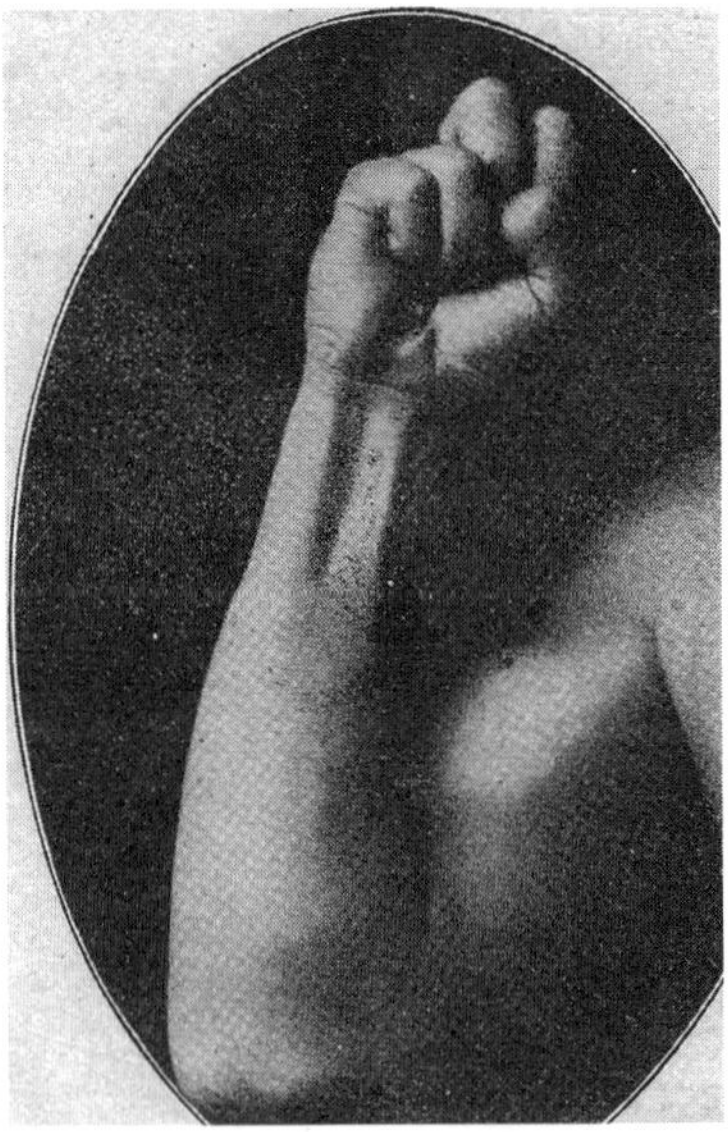

集約拳（出典：心身強健術）

13　観念と運動の分離

また、集約拳と同時に、気合をこめて閃電的に筋肉に力を込めることにより、重い物を持っているとの観念を持つことなく、機械的に運動を行うことが出来るようにもなった。

こうして、集約拳と気合により、それまで問題になっていた運動と観念の分離はほぼ完全なものとなる。集約拳そのものが、鉄亜鈴を持っているのと同様、いやそれ以上の前腕筋の緊張をもたらし、閃電的に目的の筋肉を緊張させることにより、精神を用いることなく機械的に筋肉を鍛えることが出来るようになった。それまでの強健術は、一つの筋肉を鍛える際、そこに精神を集中するのが原則であり、観念と運動の分離が不十分であった。

そしてこれを交互にして個々の主要筋肉に運動を与える事にすると、精神をその一カ所に集中することができる。精神を一カ所に集中するということは、目的の筋肉を発達させる上において最も大切なことである。（実験 簡易強健術）

これは、初期の強健術の運動法のやり方を解説したものであり、サンドウの運動法の方法をそのまま採用したため、鍛える筋肉に精神を集中することを説いているが、気合と集約拳の採用により、以下のサンドウの運動法の欠点がことごとく克服されてしまったのである。

・重い鉄亜鈴を使用するために、目的の筋肉以外が緊張してしまうこと。

・鉄亜鈴を持っても目的の筋肉が十分に緊張しないこと。

・重い鉄亜鈴のために内臓を害してしまうこと。

・運動と観念の分離が不十分であったこと。

一三八頁で考察したとおり、春充は、サンドウの考案になる「一筋の緊張」より、春充が改良した「一筋の緊張」の方が優れていると述べていたが、それは上記のような理由があったからである。

主要の筋肉に個々の運動を与えたという一点は、彼（サンドウ）の方法より一層進歩したものと確信する。（実験 簡易強健術）

私が運動法を交互的にしたのは、つまりサンドウのこの精神を取ったのであるが、さらにに主要の筋肉に個々の運動を与えたという点は、彼よりも一層進歩したものと確信する。(実験 簡易強健術)

また、春充は、初期の頃より、精神を集中して身体を鍛える方法は、難易度が高いとの認識を持っていた。

大人は精神をもって身体を服従させるが、凡人は身体をもって精神を支配することを、実践上簡易の方法であると信ずる。(実験 簡易強健術)

精神修養とか言うものも、体育と別にしてやりたいと思う。観念によって、妄想を抱き、強いて精神をもって身体を支配しようとしても、身体の弱い者や、神経の衰弱したものや、若しくは神経の過敏なものなどは、かえってそれのため、頭脳を苦しませるものだ。(実験 簡易強健術)

これらの精神と肉体の問題の解決に、「気合」と「集約拳」は大きく寄与したのである。

14　瞳光の不眠

さらに、「瞳光の不眠」を取り入れることにより、観念と運動の分離は、より一層完成に近づく。

この「瞳光の不眠」は、春充のオリジナルではない。春充自身も以下のように、述べているように『体力増大法』という書に初めて出てくる言葉である。春充は、『体力増大法』について次のように述べている。

この書（『体力増大法』著者注）において私が賞賛する所は、武芸の体勢を基礎としていることで、瞳光の不眠を説いていることと、器械を使用しないとの点である。（実験 簡易強健術）

『体力増大法』とは、前参謀本部陸軍編修巽来治朗述で、明治三十七年に教育図書出版協会より発行された書のことである。この書の中で、「瞳光の不眠」は次のように説明されている。

「瞳光不眠法」

つまり、眼の瞬きをすることなく「瞳光を精力的に強くする工夫」を行うのである。これは下腹呼張力の練習が出来た後でなければかえって害があるから、第一に良く前の「下腹呼張力」の練習を行わなければならない。この瞳光不眠法は鏡に向かって自分の「瞬き」の少ない様に見つめるのである。そうすると視神経から来る驚きの観念は少なくなる云々（体力増大法）

この書では瞳光の不眠を、簡単に「瞬きを少なくする」とだけ説明している。そうすると「視神経（眼）から来る驚き」、つまり精神的動揺は少なくなるというのである。肉体である眼を制御することにより、精神を支配するのである。

ここで、「下腹呼張力」を練習した上で、「瞳光の不眠」は行わなければならないと述べられているが、この「下腹呼張力」とは、息を吐きながら下腹部に力を込めることであり、春充が述べている「下腹部の緊張」＝「気合い」とほぼ同意と考えてよい。春充も、気合、下腹部の緊張は瞳光の不眠に不可欠な要素、不即不離の条件であると述べている。そして以下のように、「瞳光の不眠」の方法を解説している。

私がこれを行う順序としては、最初まず裸体となり、首を伏せながらボーッと起立する。そしてフーと鼻から息を吐き出して腹にウンと力を込め、首を少し振って正面に向かうと共に、キッと眼光を定めて視線を一定し、そうした後腹の力を抜いて自然体に帰り、しかもこの瞳光不眠は終わりまで崩さずにズッと続けるのである。（腹力体育法）

ある有名な武術家は苦心惨憺の末、心気を取り静める秘訣は、『グッと氣を呑み込むにあり』と悟ったそうであるが、私はどうしたら、最もよく『グッと氣を呑み込む』ことが出来るかを考えた。そしてそれは頸部筋肉に力を込め、グッと首を上げながら、腹に力を入れるのが一番であることを会得したのである。つまり、いわゆる『瞳光の不眈』である。瞳光の不眈は、心氣を沈める方法として最も簡易に最も確実なものである。（心身強健術）

この一文を読んでも理解できる通り、「瞳光の不眈」と「腹力」＝「気合」は、密接な関係がある。

また、この「瞳光の不眈」は柔道の自然体からも来ている。

基本姿勢は、無我無心に前を眺めてしかも何物も凝視せず、斜めから見ないような形をとること。これは、柔道の自然体から来たのである。体をしゃちこばらさない、つまり『気をつけ』の姿勢をとらないところに注意して頂きたい。（実験 簡易強健術）

〝瞳光の不眈〟の原理を春充は、次のように説明している。

眼は元来、最もすばやい精神の使者である。外来の刺激は、目から這入ってただちに精神に衝動を与え、精神はまた眼という門を通ってたちまち放散する。であるから、精神の定まらない人、心に危惧不安の念を抱いている人は、始終瞬きを早くする。試みに反対の証拠を得たいと思われるならば、少し瞬きを早くして見るとすぐに分かる。精神はたちまち不愉快となり、目まいがする心持ちになる。そればかりではなく、眼は開けば、様々な事物に妨げられ、閉じれば雑念妄慮が起こると言って、古来仏教者も眼の使い方には非常に苦心したものである。目にしてこのようである。これを裏よりいえば、つまり目を自由に使役し得るのは、反対に精神を自由に支配するというに近いのである。

（健康の中心を強くする法）

眼は本来、最もすばやい精神の使者である。眼より入る外来の刺激は、最も速く最も強く精神に衝動を与え、精神は眼という門戸を通して最も放散しやすいのである。だから、精神の定まらぬ人、心に常に不安の念、危惧の思いのある人は、始終瞬きを早くする。瞬きの仕方だけでも人の性質の一端を窺うことが出来るとさへいう位であるから、いかにこの一事が人の精神に関係するかを知ることが出来よう。試みに反証を得たいと思ったら、少し瞬きを早くして見みるがいい。精神不快となり、目まいがする心地になるのみならず、静かに物を考える事も出来なくなるであろう。そればかりでなく、眼は瞑目すれば雑念妄慮が起こり、開けば様々な物に妨げられるといって、古来仏教者も眼の使い方には非常に苦心したものである。目にしてこのようであるのだから、これを裏よりいえば、つまり目を自由に使役し得たらこの禍は除かれるであろう。（腹力体育法）

眼は元来、最もすばやい精神の使者である、外来の刺激は目から入って、直ちに精神に衝動を与え、精神はまた眼という門を通って表現される。だから眼は、つぶれば雑念妄慮起こり、開けば様々な事物に妨げられるといって、古来仏教者も眼の使い方には非常に苦心したものである。孟子が言ったではないか。『ひとみはその悪を覆うことはできない。胸中が正しければ、瞳は自然とあきらかである。胸中が正しくなければ、ひとみは暗い。人はどうして隠すことができようか』と。眼はこのようなものであるとしたならば、これをその裏よりいうと、眼を統一し得ることは反対に精神を統一するための近道であるということにほぼ同じである。（聖中心道肥田式強健術）

目から入る刺激は精神に最も早く影響を与える、反対に精神の動きも目に出る、だから精神不安定の者は目睫を速くする。また、目睫を速くすれば精神不快となり、静かに思考することも困難になる。これを逆に辿れば、目を使用することにより精神を支配し落ち着かせることができる。つまり瞳光の不睨は、観念と運動を分離したばかりではなく、精神を肉体から支配する方法となるものであり、強健術の大きな特徴の一つと言えるのである。

15　観念と運動

〝気合〟と〝瞳光の不眠〟により、観念と運動の分離、肉体による精神の支配という問題は、解決の糸口が見出せた。ここで、この二つの関係を詳しく見ていきたい。観念と運動の分離の発想の原点は、先にも考察した通り、以下のような自身の体験が元になっている。

炭俵のカラを、高い木の上にくくりつけて、冬空の寒々とした星の光を浴びながら、幾夜かその上に座したこともある。あるいは吹く風淋しい秋の夕べ、ひとり河畔の洞穴にあぐらをかいて、暁まで瞑想を凝らしたこともあった。けれども、下根の身にあっては、ついに煩瑣に陥り易いことを悟ったのである。（心身強健術）

ところが精神はもちろん身体さえ虚弱な者が、その弱い体を丈夫にしようとして、精神的方面をその補助手段に役立てようとするようなことは、むしろ僭越の所業といわなければならないのである。また体育の方面から言っても、別個の修養を要するものを、ことさらそれと平行させて、体を使役した上に精神までもいじめるということは、賢いやり方ではあるまいと考える。（心身強健術）

そのように考え、観念と運動を分離し、純粋に運動に特化した強健術を模索していく中に精神の問題は思いもよらぬ方面から解決がついたのである。春充は、そのことを次のように振り返る。

どのようにしたならば、精神の集注を最もたやすくやることが出来、かつまたその効果を最も完全に収めることが出来るかというそこが問題である。それには雑念を去って無我無心にならねばならぬといい、あるいは観念の統一が第一であるともいう。しかもそれではなお、具体的に分かりやすい方法とは言えない。何でもない様なことではあるが、私はどうかしてこの問題に解決を与えて、運動の効果を完全に獲得せねばならぬと考えた。そして、私は筋肉の緊張法の上から『腹筋の鍛錬』を応用したとき、この精神上の問題からは、予期せずに釈放されたのである。ちょうど、松の枝に積もった雪が、朝日に解けて地響きして落ちた様に、私は痛快に感じたのであった。(心身強健術)

精神の問題を、精神や観念を用いずに、肉体の操作によって成し遂げたというのである。しかもそれは、「腹筋の鍛錬」つまり、下腹部の緊張＝気合によって自然に出来るようになったというのである。そのことを、次のように説明する。

腹筋と頸部筋肉との緊張を、呼吸と調和させて、瞳光を不眠にすることである。一言にして言えば『氣合』を込めてやるのである。ひとりでに、無我無心になってしまう。この時においては、運動もなく、我もなく、善もなく、悪もない。なんら、精神的な条件の無いところに、期せずして無念無想となり虚無恬淡となり、精神は自ら統一され、征服されるのである。そしてその時の精神こそ、つまりいわゆる随所に王たる事を得るものである。身体を支配するようなことは、まことに易々たるものであろう。

（心身強健術）

こうして、呼吸によって腹筋（下腹部、丹田）を緊張させ、首を確りとし、瞳光を不眄にすることにより、精神は肉体によって自動的に統一、集中されてしまうのである。そしてこれは、強健術の最大の特徴の一つになる。この、〝瞳光の不眄〟のやり方と注意を次のように春充は説明している。

私はこれをする順序としては、最初まず裸体となり、首を伏せながらボーと、ボンヤリ起立する。そして呼吸を調えて腹にウンと力を込め、グィッと首をあげて正面に向かうとともに、キッと、眼光を放って視線を一定し、そうした後、腹の力を抜いて自然体に帰るのである。（心身強健術）

こうして、〝気合＝腹力＝下腹部の緊張〟と、〝瞳光の不眄〟を取り入れることにより、強健術は大きく変貌し、一歩、春充の理想とする強健術に近づけることが出来た。

この二つの要素を取り入れたのは、柔道を学んだ中学五年生（一九〇六年、明治三十九年）から、大学へ入学した頃（一九〇七年、明治四十年）と考えられる。この新たな要素を加味した強健術は、後に処女作「実

験　簡易強健術」で発表されるものである。

16　学問への失望

さて、大望を抱いて勉学に励んだ春充ではあったが、学んだ先にあったものは、予想に反して失望であった。まず、法律を学んだ感想を、次のように述べている。

私はついに法律を盾とする悪漢に向かって、自分もまた国家の権力をもって奮闘するべく決心して身を法科に入れ、権利義務の関係を研究した。学んで法律は、すでに宗教、道徳と分離し、刑法の基礎観念は正義を根本としないことを知った。正義の士といえども、法の定めたる所を犯せば国家はこれを処罰しなければならない。貪欲飽くことを知らぬ野獣のような連中と言えども、法規の範囲内にて行ったことならば、同胞の膏血を搾りその肉を食らうも、法の力はこれに及ぶことは出来ぬことも知った。

（心身強健術）

こうして、法律に限界を見出した春充は、政治についても同様の感想を漏らしている。

政治の死活は、ただ『人』にあることを知るに及んで、私が法科、政治科に学んだ幼稚、単純なる希望は、全く夢と消え去って仕舞ったのである。（心身強健術）

また、商科についても、理想と現実の乖離に気がつく。

けれども、実生活のにごった浪は渦巻いて、金儲けもまたこれ一生の大事業。金をこしらえて、志を天下に行う。理屈はまさにそうあるべくして、そううまくは何とかが卸さず。さて厄介な娑婆だなあと、愚痴をこぼした所が始まらず。（心身強健術）

そして、自他ともに才能を認めていた文学にも行き詰まりを感じていたようである。

文筆をもって世に立ち、人を益することは大いなる天才でなければ、可能ではないことを悟って、云々（心身強健術）

こうして、三大学四学科を学んだ自分を、やや自嘲的に顧みるのであった。

こうして、法、政、文、商の各科を修了したけれども私の手に残る所のものは何物もない。みじめにも、私もまた奇異な夢想児ではないか。（心身強健術）

私の願う所が、苦しむ者なく、虐げられる者なく、正義仁愛が自然に行われる理想郷の実現であった。

しかもそれは、献身犠牲の志士の決死的奮闘によって、容易にその目的が達せられるものと考えた。なぜならば世間大部分のものは皆、天使のような善良な人ばかりであって、害毒を流す悪漢は極めて少数であり、これらを除き去って社会を粛正することは、さした難事ではないと思ったからである。

（聖中心道肥田式強健術）

さても厄介な、娑婆なるかな。しかも、それらの学問を修めることによって、人道の勇士として、必要な武器を得られるように考えたとは、なんという単純な話か。法科、政治科、商科に籍を置いた幾千の学生中、このように幼稚にして、奇異な希望を持ったものがはたして他にあっただろうか。

（聖中心道肥田式強健術）

こうして、学び得たそれらの学問の、どの一つも活用はせず。無駄に無為の生き様を、草林の間に埋めている。それもその筈サ。清貧の兄より、学資の支給を受けながら、気紛れにもお伽噺中の主人公が、抱くようなあどけない、非現実的な希望に憧れながら、色々の学問をしたのだもの…アア天意は、どこにあるのだろうか。そもそもまた、愚劣な私のような者には、何の使命をも与えられないのであろうか。

（聖中心道肥田式強健術）

このように自嘲気味に自らを振り返る春充であったが、その〝非現実的な希望〟、〝奇異なる希望〟を春充は決してあきらめることなくその後も持ち続け、それが春充の人生の大きなモチーフとなっていくのである。

17　大学卒業と徴兵検査

明治四十三（一九一〇）年三月、春充は三大学四学部の卒業試験を受ける。

明治四十三年三月、四大学の卒業試験が一度に重なって来たが、幸い一つは試験日が違っており、二つは午前と午後とに分かれておったから、引き続いて受験し、その中の一つは追試験を受けることにして全部を修了することが出来た。（聖中心道肥田式強健術）

この年、春充は徴兵検査を受ける予定であったが、早稲田大学卒業の追試験が九月にあるので、翌年に徴兵検査を受けることにした。しかし、手違いで徴兵令違反で告発されてしまう。

ところが、徴兵の検査は七月に行われ、追試験は九月であったから、四月に提出すべき徴兵猶予期間満了の届を出さずにおいたら、その年の十月に徴兵令違反をもって告発され、検事局へ召喚された。私は自ら出頭して、右の事情を述べたら、検事は四個の大学を同時に卒業したと聞いて、その目はサッと潤い、まさに落涙しそうなばかりに感動し、『どうかその英才をもって、国家のために大いに尽くして貰いたい』と言い、たちまち不起訴にしてしまった。（聖中心道肥田式強健術）

この後無事卒業試験は合格し、明治四十三（一九一〇）年十二月に春充は、早稲田大学文学部を卒業している。

第四章　軍隊時代

1　大学卒業後

大学の卒業試験が重なったこの明治四十三年、春充はそれまで実践してきた強健術についての著述にとりかかっていた。この著述が処女作『実験　簡易強健術』になる。翌年明治四十四（一九一一）年一月には、ほぼこの本は書き上がったようである。

執筆が終了してしばらくした二月に春充は、東京憲兵練習所に友人福田常夫柔道三段とともに、柔道稽古へ赴く。そして、この時に「腹力」によって倒されないという経験をする。

私は、以前こういう経験をした。それは昨年二月（明治四十四年二月　著者注）ある一友人（福田常雄三段　著者注）と共に東京憲兵練習所へ柔道の稽古に行った。私はこの時、腕に傷があったから一度も転ぶまいと決心して『乱取』ばかりをやった。始めに清国留学生二十名、つづいて邦人四十余名という多勢を相手にしてやるので、中には非常に猛烈にやって来る者もあったが、私は敵が技をかけて来るや、急激に極度の大緊張を腹直筋のみに与えると、不思議に腰が据わって倒れない。そして非常に力のある男が、満身の勇を振るって、私にぶつかって来たとき、ちょうど私の方でも、極度の緊張を腹に込めたので、あの幾重にも刺してある帯が中途から、フッツリと切れてしまったのである。私は腹力の恐るべきことを悟ったのであった。（腹力体育法）

柔道では四人の骨を折り、三人を気絶させたことがある。東京大手町の憲兵練修所へ教えに行った時のことである。軍隊式に数十人、整列しているのを片っ端から稽古をつけて行くのであったが、見た所が弱い優しそうな男だから、一ついじめてやれとでも思ったものか、右翼の大男が稽古にかかると、無暗に力を入れて意地悪く突っかかって来ることが、私にも明らかに分かった。あんまり馬力をかけて引っ張るものだから、三枚刺しの稽古着の襟もバリバリと裂けてしまった。すると今度は、両手で私の帯をつかみ猛烈極まる跳腰をかけて来た。私は腰を突っ張って、これを防いだら、丈夫な黒帯がプッツリと切れて仕舞った。そこで稽古着と帯とを取り換えて改めて稽古にかかったが、相変わらず、ただ意地悪くやって来る瞬間。ことごとく技を外している中に、相手は無理な力を入れるから、段々と疲れて来た。大外刈りを掛けて来た。ア！とはずして、ウ！ピシャッ！今度は私の方で、得意の跳腰、見事決まっていやと言う程叩きつけた。ウ、ウ、ウーム、起きられない。鎖骨を折ったのだ。担架に載せて、衛戍病院に送られた。（聖中心道肥田式強健術）

この時期は、すでに強健術に腹力、気合を導入して久しい。腹力の感覚も、その運動への応用も自在になっていたようである。ここでは、「急激に極度の大緊張を腹直筋のみに与えると、不思議に腰が据わって倒れない」という体験をする。この腹力を用い、腰が据わることにより、強大な力に対抗する。あるいは、強大な力を発揮するという体験は、後に〝腹力〟が〝正中心〟に昇華する体験にも繋がる重要な要素であり、強健術の一大特徴でもある。

また、その間故郷小沼村の住人から、訴訟問題を委託され、それについても奔走していた。

私がかつて、前著『簡易強健術』の出版を書店に託して、すぐに下阪する心算であった所へ、郷里の村から境界争いに関する行政訴訟問題、払下に関する民事訴訟問題の調査を依頼された。地方の人に、権利思想と自治の精神を鼓吹する機会だと考えたから、快諾して取調べに着手した。上杉法学博士の指導の下に、種々確信を強めたから急に帰郷することに決し、出版は一先ず断念した。（心身強健術）

このような事情で、いったんは出版をあきらめ、郷里の訴訟問題解決に向かおうとしたのであるが、後に詳しく触れることになる人物、松村介石の主催する「日本教会」で強健術を紹介してほしいとの依頼が舞い込んだ。そして、その会でたまたま強健術を見た、春秋社主人中山三郎が、是非強健術の著作を出版したいと申し出たことにより、春充の処女作は、日の目を見ることとなる。

2　処女作「実験　簡易強健術」出版事情

その辺の事情を、詳しく見て行きたい。始め、春充は書き上げた原稿を松村介石のもとへ持っていき序文を依頼した。しかし、あいにく松村は留守であったので、原稿をあずけ返事を待つことにしたのである。その間のことを松村は、次のように記している。

ある日君は、私の不在に際し、一原稿を携えて来て家人に、『これに先生の序文を願いたい』と言い残して去った。私は帰って来て、まずその書名を見て、『アア、またこんなものを書いて来たか』と思い、実は読む心地もせず、書棚に載せて顧みなかった。理由は、近ごろ私が藤田先生の息心調和法を始め、二木博士の腹式呼吸法などを世に紹介して、大いに人体の強健法を鼓吹しているところから、これに関連する、色々の翻訳物や、諸書より抜き書きした怪しげな原稿を携え来て、あるいはこれに序文を請い、もしくはこれを書店へ斡旋してくれと頼む者が多いので、失礼ながら『これもまた、その類では無いか』と思ったからである。

そんな時その後二三日を経て、ちょっと暇を得たから、『それにしても少しも目を通さずに返すのは気の毒でもあり、失敬である』と思ったから、ちょっと一目見た所が、最初より全く気を取られて仕舞った。

ところが読み終わってさらに驚いたのは、これは書物の抜書や、翻訳物や人の説を並べたものではなく、川合君が自ら実験し、研究しここにその実を挙げた確証を持っていて、世にこれを発表し、『私はこれに依って、このような体躯を養い得たから、君もまたこれやれ、私を見よ』という、実際上の著書であったから何とも言えぬ愉快を感じた。

元来私は数年来、川合君を知っているが、身体の小さい、痩せた、弱そうな男と思っていたのにそんな身体となっているのか。それならば、実に嬉しいことである。令兄信水君は、あれ程の修養と、あれ程の思想と、あれ程の文才と、あれ程の志を抱きながら、身体が弱いので、どうも気の毒に堪えない。そこで春充君が発奮して、その『茅棒』より天晴れ剛強の身体を練り上げたということは、いかにもりりしい志気が現れていて豪快といわざるを得ない。

とは言うものの、真にその身体を検査しなければ、まだまだホラかも知れぬとその後一日来てもらって実地に試して、

『実験　簡易強健術』表紙

今度は三度驚かされたのである。なるほど見た所では、婦女子のような容貌で、細い小さい様な身体には何も多くの習練が施されているとは思えないが、一度衣服を脱げば、その発達した筋肉は山脈のようにあらわれ、これを緊張させればまるで岩石に触れてるいるような感触がある。そうして、丸く肥えた両腕が肩から次第に細くなって手首に及び、両脚を着けて直立すればピッタリとして、水も洩らさぬ程に肉つきが良い。この体格美に気を奪われて、ジット見詰めたまま言う所を知らなかった。私はさらに、川合君からその運動法の十個を示されたが、一々納得することが出来た。昔、サンダウの体操法をやった事も有ったが、途中で過激なので止めた。友人の壮健な者がこれをやって肺病を引き起こした事を見て、さっぱりいやになったが、今度、川合君の運動法を聞いて、いかにもと感心した。いわゆる、筋肉の発達、内臓の壮健、体格の均整、動作の敏活は、この方法によって十分達成できる事と確信する。

これを読んで最後に喜ぶのは、この頃は内臓の修養法を説くものが多くなって結構であるが、川合君は前記四大要件を基礎として、これに武術の氣合を加えさらに運動方法を掲げて、その目的を貫徹させるとしていることで、実に内外相待って完全な人体の強健法を示したものと言うべきである

この書、ささやかな小冊子に過ぎないけれども、実に大きな獲物を有していることを、私はここに断言することをためらわない。世上この書を読んで、後日川合君に感謝する者は無数であろう。また春充君

の父君も、この書を膝元に差し出した春充君の奮闘とその成功とを見て、さぞかし喜ばれる事であろう。私はさらに春充君と、その父君とを祝福せざるを得ない。（実験　簡易強健術）

この出会いの後、松村は是非自身の「日本教会」会員に強健術を学ばせたいと、帰郷しようとする春充を、二、三日引きとめ、演壇に立たせた。その時、たまたま春秋社社長中山三郎が来演していたのである。彼は松村同様、服を着たままの春充の姿を見ると「この人が、講演をするのか？」と疑問に思ったという。その後、壇上で着物を脱ぎ筋肉を露わにすると、その姿に惚れ惚れとしてしまい、講演が終わって壇上より下りてくる春充をつかまえるやいなや、その場で出版の約束を取り付けてしまったというのが、出版に至った事情である。

こうした偶然が重なり、春充の処女作は、ようやく日の目を見ることになるのであるが、強健術で逞しい肉体になったとは言え、服を着たままであると、顔立ちの優しいのも手伝ってか、とても鍛えあげた肉体の持ち主には見えなかったようである。事実、春充が松村に紹介されたある書店の出版係員は、春充の姿を一瞥すると実験の書など無価値だと決めつけ、冷笑すらしたという。以前にも指摘したが、兄同様春充は、美しい顔立ちのため、よくこのような誤解を受けたという。松村介石の友人である、野口復堂（一八六四～？）からも次のように言われていた。

高等商業の教授をやめて、教談を創始した野口復堂氏も、『顔を見ると女じゃが、裸になれば、理想的の男性美だ。一声の氣合は、天地をつらぬき、百邪がひれ伏す』と言われたことがある。

（聖中心道肥田式強健術）

3　二木謙三との出会い

さて、松村介石の序文をつけた上、春秋社より処女作は出版される運びとなったのであるが、これは様々な意味で、初めから非常に幸運に恵まれていたと言うことができる。

一つは、松村も序文で述べているが、松村の紹介、推薦で、藤田霊斎の息心調和道と、二木謙三の腹式呼吸は一大ブームを引き起こすほどの人気を呼んでいたからである。このため、序文にもある通り、松村の元には、紹介文、序文、出版社への斡旋の依頼が殺到した。そのあおりで、春充の原稿は、他の原稿とともに危うく埋没しかねなかったのである。

そして出版元の春秋社は、先に出て来た二木謙三の著作、『先哲実験　腹式呼吸篇』という書物を発行しており、これはわずか半年程で十四版を重ねる驚異的なベストセラーとなっていた。

ここに登場する二木謙三（一八七三〜一九六六）は、東京大学名誉教授、日本伝染病学会長、東京市駒込病院長等を歴任し、勲一等瑞宝章を受け、また文化勲章も授与された日本医学界の重鎮の一人である。特に、赤痢菌の新種の発見と、病原スピロヘーターについての研究で有名である。そして、春充の深い理解者、賛同者でもあった。

この二木謙三が、腹式呼吸によって虚弱から脱出した体験と、その医学的解説及び平田篤胤、白隠禅師等の養生法をまとめた書が、『先哲実験　腹式呼吸篇』である。

実は、春秋社主人中村三郎は、兄信水の知人でもあった。中村に出会った翌日、春充は早速横浜在住の写真家中村金蔵に強健術の運動姿勢を撮影してもらう。この中村金蔵も、信水の心友であった。そして思いがけないことに、その写真をかの二木謙三が見たいとの話を中村三郎が持ちこんできたのである。

その時書店の者が来て、二木博士がその写真を揃えて欲しいと言われた事を告げ、また私に二木博士訪問のことを勧めた。しかし、私は気が進まなかった。というのは至るところでの冷遇に懲りたからである。それでも強いての勧めによって、その夜博士を訪うことにしたが、なお私は、大柄でかっぷくの良い先生から、医学上の理屈責めにでも会いはしないかという不安の思いに駆られていたのである。

（実験 簡易強健術）

この文を読むと、春充の強健術は最初、決して快く人々に受け入れられたのではないことが見て取れる。恐らく、春充の見た目の優しさが災いして、人々に拒否反応を起こさせたのではないだろうか。服を脱いで、鍛え上げた肉体を見せれば納得してもらえたかもしれないが、そこまで話が進む前に話し合いを打ち切られることが多かったのかもしれない。

二木謙三（出典：健康への道）

さて、春充は気が進まないまま二木のもとを訪れたが、あいにく博士の風貌を知らされていなかった。そこで多くの訪問客中、壮健らしい老人がいたのでそれが二木であるとあたりをつけていた。ところが、訪問客が二、三人去ると、痩せ形で温厚な洋装の老紳士が、春充に向かって「こちらへ」と、会釈をしたので、春充は面食らった。

私は不意を食って「先生でいらっしゃいますか」と、慌てて驚いて挨拶した。その時一人の小学校の教師らしい人が、校か会かの代表者として質問に来ていた。先生は、腹式呼吸について、親切に教示されながら、「川合君、お邪魔じゃありませんか」と私を顧みられるなど、その謙譲を究めた態度に豪壮な風采を想像した私は、さらにさらに尊敬の念を深くせざるを得なかった。（実験 簡易強健術）

さてその後、強健術の基本を簡単に説明すると、

「そうです」

「なるほど」

「妙だ」

などの言葉を続発された。さらに失礼して衣服を脱いで、方法をお目にかけたところが、

「こう言うものが出なけりゃならんと思っていたが、これこそ完全に近いものだ」

「ほとんど理想通りである」

「自分も弟子になって一生懸命やる」

「こりゃもう一般奨励すべきものだ」

など、さっぱりと物事にこだわらない博士は、心の底から称賛してくれた。

そして、こう言う研究と実験とが医学生の方から出ないで、法律政治をやった者から出たのを思はれたのでもあろうか、

「医学の頽廃も、ここに至って極まる」

と独り言された。（実験 簡易強健術）

これまで、ほとんどの人間から、無視されつづけてきた強健術は、ここに至って、医学会の大御所から、手放しの称賛を得ることができたのである。春充は、自ら生み出した強健術に、大いに自信を持ったに違いない。

この出会いがきっかけとなり、二木は、春充の生涯に渡る最大の理解者の一人となるのである。そして二木は、春充の『実験　簡易強健術』に序文を執筆し、それは、著作の一番初めに掲載されている。

序文によれば、二木は強健術を次のように評している。

二木はこれまで、現代人の呼吸があまりに胸式に流れるのを警告して、腹式呼吸の長所を説いてきたが、次に要求されるのは、筋肉の練習法であると考えていた。このような要求に役立つのは、様々な武道、スポー

ツがあるが、

いまだ金もかからぬ、時間もかからぬ、一人でいつでも出来る完全な運動法が無いのに困っていた。ある夜、川合君が私を訪問され、その語る所の筋肉鍛冶法、つまりこの書に掲載する所のものは、大いに我々が求める所の運動法に一致していた。しかも君の方法は、単に筋肉の鍛錬に止まらず、氣合と、呼吸、腹力、敏活とを兼ね、一々君の独特の研究と実験とで成り立ち、そればかりでなく、虚弱だった君の健康が、これによって回復された実証を挙げることにおいては、誰もこれを非難することは出来ない。さらに、本書を一読して、君の誠意と熱心とに感心せざるを得ない。ただ、一つ二つ文中に時々他の方法の短所を説くこと痛切に過ぎるもの無い訳ではない。これは、たまたま君の自信の深さを表して余りあるものであると思う。この書、実に私達の医道に貢献する所が多い。かつこれも我々の呼吸法と同じく、病を治療するよりはむしろ大いに病を防ぐ方法であることに、読者諸君の注意を願わねばならぬと信じる。私はまた省みて、このような良書が医学の方面より出ずに、かえって世俗の方面から出でたのを珍しく感じるのである云々　（実験 簡易強健術）

このように、松村介石、春秋社というヒットメーカーを後ろ盾として、春充の処女作は出版された。その上に、二木謙三の序文まで掲載されるという豪華ぶりである。当時考えられる、最強の布陣で出版された処女作『実験　簡易強健術』は、当然爆発的な大ベストセラーとなり、世に強健術ブームを巻き起こすことになる。

4　徴兵検査と大林芳五郎との出会い

こうして、四大学を無事卒業した翌年の明治四十四年五月、春充は徴兵検査を受ける。

昨年五月、郷里山梨にて徴兵検査の際、私が衣服を脱いで前に出ると、検査官は眼を見張って曰く『こりゃ素敵な体格だ、全くこさえた様な体だ』と。こうしてなみいる人々より驚嘆の賛辞をうけて、甲種合格となった。（腹力体育法）

この文は、徴兵検査について初めて触れた文であり、入隊後すぐに出版された『腹力体育法』初出の一文である。また、次の文は、主著『聖中心道　肥田式強健術』に出てくる文章でありさらに詳細に当時の様子が述べられている。

翌年徴兵検査の時は甲州谷村町で受けたから、体格の逞しい、農村の壮年の男子ばかりであったけれども、検査官はそれらの者に向かっては、別に何とも言わずに、私が行くとどこの場所でも、『ヤア良い体だなあ。まるでこしらえたようだ』と符節を合わせたように、讃嘆の声を放った。最後に司令官松崎大佐の所へ行くと、履歴書を眺めながら、『大変に学校をやっているね。君のような者には、外の事で国家に尽くして貰いたいのだけれども、いかにも体が、良すぎるからなあ。どうせ一年志願をやるだろう。惜しいけれども行ってもらうサ』と、ポカリ、甲種合格を押してしまった。（聖中心道肥田式強健術）

入隊は、その年の十二月であった。まだ半年ばかり先のことである。そこで、春充はそれまでの間働こうと思い、大阪に向かった。その時の事情を、次のように述べている。

明治四三年、各大学卒業。すぐに筆を執って、四十四年四月最初の著書、『実験簡易強健術』を発刊。十二月には、近衛第四連隊に入営することになっているので、それまで働いてやろうと決心して、ちょうど七月炎熱の候に、郷里小沼を出発して、私は一人大阪に向かった。（中略）東京に職を求めずに私が大阪に出たのは、雑誌『実業の日本』でかの東京駅を建設した大林組の大林芳五郎氏（一八六四～一九一六）が、非常に侠気に富んだ実業家であるとの記事を読んで、どうせ使われるならばそういう人の所で働きたいものだと考えたからで、私はその希望の職を求めて大林氏に送り、一片の紹介状も持たず突然面会を申し込んだのである。

すると、旅館に返事が来て明夜本宅で会うから、来るようにとのことであった。約束の時間に行った所が、一見して非常に喜ばれた。そうして言はれた。『私は入れたいと思うけれども、元と違って会社組織になっているから、一応皆と相談してみなければならない。それまでマア、宿屋で遊んでいたまえ』と、大きな財布を取り出して中から百円札二枚を取り出し、無造作に私の前に投げ出した。私が固辞すると、『何、それぱっかの物を。芝居でも見て、待っててくれればいい』と無理に私に押しつけた。

同窓の弁護士、山内香君の事務所を訪ねたりして、二三日しておったところが、岡工学博士（岡胤信著者注）から書面が来て、本社事務所へ来てくれとのことである。博士は、大林組の名誉顧問であった。いよいよ入社に決定したものと、私は大喜びで駆けていった。スルト博士は、極めて打ち解けた態度で、『君が大林さんによこした手紙は、私も見せてもらって読んだ。君は実に純な良い性情の人だと私は感じた。大林さんもぜひ入れたいと言っている。大林と言う人は、君が言う通り侠気に富んだ人である。したがって波瀾の多い人である。私は君をして、あの人に殉ぜさせるようなことが我慢できない。よって、今日午後三時から君の入社について数人の者が相談することになっているが、私は断然反対して君を入れないことにするから、どうかそう承知してもらいたい』と、自分の子でも諭すような情愛を面に浮かべ、丁寧に細かくその理由を述べた。私は、その情と理を兼ね備える言葉に対して、特に意義を挟むこともなく、『解りました。ご厚意を、ありがたく存じます』と、謝辞を述べて、しょんぼりとして立ち去ろうとした。すると、博士は手を挙げて、『ママ、しばらく待ってもらいたい』と、呼びとめた。私は何だろうかと思って、再び戻って椅子につくと、博士は抽出しから巻紙を取り出し、一書を走り書きして、封をせずに私に渡した。『君のことは、よくこの人に頼んでおくから、訪ねて行ってみたまえ』

と言われた。見ると、畏友　鈴木喜三郎殿としてある。厚くお礼を述べて、私は博士のもとを辞した。宿に帰って依頼状を出して見ると、中にはこう言う文言があった。『この青年は、将来極めて有為有望の者である。これを託すべきもの、天下にただ兄あるのみ』と。アア、到る所人情の花であり、行く道が険しいことなどない。

けれども私は、思う所あって鈴木氏を訪ねなかった。その頃、鈴木氏の子分になっておったら、私も今頃は、政友会の陣笠になって爆弾動議の先棒でも勤めておったかも知れない。（聖中心道肥田式強健術）

大阪滞在は、七月から九月にかけてのおよそ一ケ月あまりであったようである。また、大学時代に東京に在住し、都会の風情にも慣れていた春充であるが、この大阪滞在は春充の精神を相当疲れさせたようである。当時の彼の文には、大阪の暑さに辟易し故郷山梨の冷たい川の水を懐かしむ様子や、都会人の小ずるさを嘆き、田舎の純朴に心引かれる様子が多く語られているからである。

大林組に入社しようと考えた理由が、大林芳五郎の任侠的人柄に引かれたからというのは、いかにも春充らしい。そこにあるのは、一流の人物の元で働きたいという、純粋な思いであり、損得勘定は微塵も

大林芳五郎（出典：創業五十年記念帖）

見当たらない。そのような春充を、大林は一目で気に入った。無論、三大学四学科卒業のエリート、ベストセラー本の作者ということもあったかも知れないが、それよりも、春充の純粋な思いが、大林を動かしたのだろう。また、名誉顧問であった岡鬅信が、春充の入社に反対したという事実も興味深い。岡の言葉によれば、波乱に富んだ大林に春充を殉ぜしむることが忍びないということであるが、これは春充の人物、才能を見抜いた岡が、その才能を異分野で発揮してもらいたいと考えたからとも思われる。だから、後の立憲政友会総裁となる鈴木喜三郎（一八六七〜一九四〇）に紹介状を書いたのであろう。岡は、春充の才能が、実業界よりは政界の方に向いていると考えたものと思われる。しかし、春充は思う所があり、鈴木の元へは行かなかった。春充は、すでに政治分野では、兄信水が師事した押川方義について研鑽していたからである。

当時押川は、春充の強健術を知ると、強健術をもって、日本の青年のために力を尽くしてほしいと、春充を激励したばかりでなく、自分の息子達、即ち、『海底軍艦』などの冒険小説で有名なベストセラー作家である押川春浪（一八七六〜一九一四）、日本初のプロ野球チームの創始者である、日本野球界の元老押川清（一八八一〜一九四四）と共に強健術を、毎朝実行するまでになっていた。

大阪より帰京した春充は、それから間もない九月十四日に、大隈重信（一八三八〜一九二二）に面会して、強健術を披歴している。おそらく、松村介石の紹介によるものと思われる。その時の様子を、春充は次のように記している。

私が某名士の紹介によって大隈伯に会見して、赤裸々の体躯をお目にかけた時、大隈伯はご自分で手をかけて、私の体をつかんで見たり、押して見たりされて、『いい体じゃなあ、立派なものだ、なかなか立派だ』などと、繰り返し繰り返し賞賛された。（心身強健術）

大隈は強健術を、「痛快の極み」と激賞し、次のように述べている。

我輩は、君の体格改造法の雄々しくたくましいことに、驚いてしまった。気力のこもった練習を見たときには、痛快を禁ずることが出来なかった。国運発展の第一要件は、国民の体力にある。極力奨励せねばならぬ。（体格改造法）

後に詳しく紹介することになるが、この松村介石、押川方義との出会いと人脈が後年の春充の国士的活動に大きく寄与することになる。ここでは、若干三十歳に満たない大学を卒業したばかりの春充の人間性と才能が、人をして政党の代表者や、時の総理大臣にまで紹介させるほどの力と魅力を持っていたことに注目したい。春充には強健術によるものかは判然としないが、一種の人間的魅力があったようで、当時都新聞社会部の記者であった後の国民的作家中里介山（一八五五〜一九四四）も春充の印象を次のように語っている。

私は同氏（春充　著者注）のそばにいると、大人のそばにいるような楽々した気分を、持つことが出来ました。私は人づき合いの悪い癖があって、人に合うにも人に合われるにも、億劫な癖がある人間ですけれど、川合氏のそばにいると、その気持ちがとれてしまうようです。同氏に無我の徳があって、私の性癖は感化するものと思い、懐かしさが深かったのであります。（川合式強健術）

このような春充の人間性は、大学を卒業して実社会に旅立つと益々多くの人々を魅了し豊かな人脈を形成していくのである。

さて、大隈重信に出会ってから十二月に軍隊に入隊するまでの二ヶ月間は、爆発的な本の売れ行きに伴い、講演が引きも切らなかった。午前、午後と京都の違う場所で講演を行い、どちらも千人以上の聴衆を集めたこともあった。また、新聞社では、二六新報社、大阪毎日新聞社などで講演し、兄信水が教育係を務める、郡是製糸株式会社において強健術を伝授もした。また、松村介石に見出され、二木とともに「腹式呼吸ブーム」をつくった、藤田霊斎の「息心調和修養会」においても講演を行っている。

この講演旅行中に、何人かの男性が、

「君は強健術をやっていますか？」

と、会話をしているのを聞いて、「強健術」という言葉が一種の流行語となって広まっているのを心中ひそかに愉快に感じたという。

こうした多忙を極めた生活を、入隊直前の十一月三十日まで行い上京する。名古屋、静岡からも講演の依頼があったが、時間がなく断念。そのまま一人の見送りもないまま、明治四十四（一九一一）年十二月一日、春充は近衛歩兵第四連隊に一年志願兵として入営する。

5『腹力体育法』の執筆

驚くことに、処女作『実験　簡易強健術』を上梓してから入隊するまでの多忙を極めた期間、春充は早速、次著の執筆に取り掛かっていた。

それは、強健術を大きく進歩させる要因を発見したからであり、これにより強健術を行う時間は大幅に減少させることができたのである。それは、どういった要因か？　春充はその発見の様子を次のように、述べている。

私が大勢の運動家の諸説に反して、速度を遠慮なく体育上に応用する事については、なおまだ多少の疑惑があって迷っていた時、ある夜私は基督教界のオーソリティー押川方義先生を、牛込のわび住まいに訪問した。（先生の名前は、俗界にほとんど聞こえなくても、無名の聖賢新井奥邃先生と共に誠に世界の大預言者である）。その時私は頼まれて、『強健術』運動実修の型を演じると、先生はすぐに裸体となって練修された。

ところが、この上膊二頭筋の運動において、私が示した方法に従わず、思い切って腕の上下を急激にされた。先生はもと武術の達人、その腹よりきた『真の勢』を見て、私のこれまでの疑問は、ここにわかに氷解し、すぐに少しの躊躇もなく、飽くまでも速度を応用しようと決心したのだった。私は教えに行って、教えを得て帰ってきた。ああ、千百の理屈はついに何の役にも立たない。ただ一つの『真』より『ほとばし』り出た『勢』には及ばない。ついでだから言う。私は私の『強健術』を公にするにあたって、どこまでも公明に正直に平坦に、隅の隅まで開放披瀝して諸君の参考としてこれを提供した。これを取るのも、捨てるのも一つは、諸君の霊妙な智恵にかかっている。願わくば、空理、空論を捨て去ってほしい。(体格改造法)

春充が、新たな要因を見出すきっかけをつくったのは、強健術を教えていた押川が、春充の示した方法を行わず、「腕の上下を急激に行った」ことであった。この時、押川が行っていた強健術の型は、「上腕二頭筋の運動」である。事実、処女作『実験　簡易強健術』に解説されている強健術の動作のいくつかは、動きをゆっくりと行っていた。

たとえば、上記の「上腕二頭筋の運動」では、次のように運動を解説している。

ト、上腕を体側に密接したまま、静かに拳を上げ(傍点著者)、肩に着ける心持で、上膊二頭筋、俗に言う力瘤を緊張し、同時に、下腹を緊張させる。(実験　簡易強健術)

また、他にも次のように述べている。

過激を恐れ、腕の上下は、静かにやっていた（傍点著者）。（川合式強健術）

ここで「過激を恐れ」、と述べているが、これは、これまで度々問題になっていた、サンドウ鉄亜鈴運動法の最大の欠点、「過激な運動によって内臓を痛める」ことを指している。

それでは、この「過激」の問題を、春充はどのように解決したのか、この解決法が初めて出てきたのが、第二の著作『腹力体育法』である。そこでは次のように述べられている。

それならばなぜ私は、運動をことさらに急激にせよと言うのか。他でもない、私の運動は、終始『腹力』を根本としてやるからである。多くの運動はともすると『腹力』を一切顧みない。ただ一局部においてのみ目的を達しようとしているから、身体の中心が取れていない。身体の中心を忘却し去って、一方に傾いて急激な運動をすれば、すぐ脳髄を衝いて生理上の害を受ける事は、少しでも『腹』という問題に心を用いている人の理解し易い問題である。（腹力体育法）

このように、鍛えるべき筋肉だけに力を入れるのではなく、下腹に力を入れる＝「腹力」を基礎として、筋肉に力を入れれば、「過激」の問題は起こることがないというのである。そして、ここで言われている、〝『腹』という問題に心を用いている人〟が、槍の達人でもあった押川だったのである。押川の〝その腹よりきたる『真の勢』〟を見て、春充は『腹力』を基礎として運動を行えば、急激に過激に運動を行っても、内臓や脳に影響を与えないことを悟ったのである。

それまで春充は、内臓を保護する目的で強健術をゆっくりやっていたが、そこにわずかな不満を持っていた。それを、次のように述べている。

もしこれを拡大して、柔道や撃剣にも速度の制限を加えるとしたらどうであろう。どのようにして敵の隙を衝き、防御に当り、そして対者を倒すことが出来るだろうか。（腹力体育法）

柔道や剣道では、速度ある動きをしても、過激の問題を起こさない者もいる。その生き証人が、当時六十二歳になっても矍鑠《かくしゃく》としている、槍の達人押川であった。そして、その秘訣を押川は、腹力を基礎として動くことであると、春充に示したのである。

こうして強健術は、練修時間を大幅に短縮することに成功し、さらに一歩、完成に近づくことになる。

私はこの一事を会得して、急激な速度を運動に応用することによって、筋肉の発達は著しく顕著となり、精神を霊活にし動作を敏活にして、

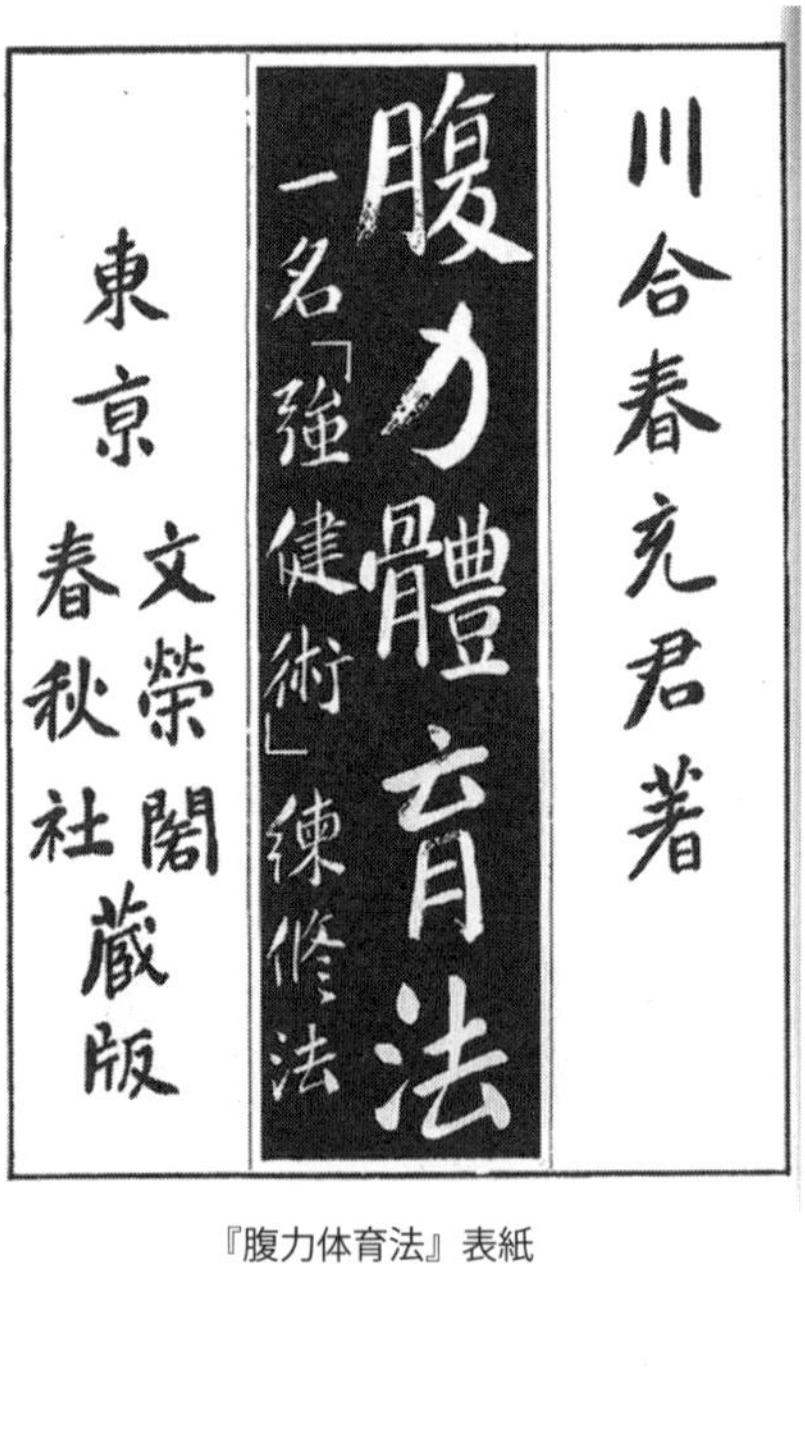

『腹力体育法』表紙

かつ時間をますます節減する事が出来た。私の運動法を十分間と言うが、私自身では六、七分でやってのけるのである。（腹力体育法）

6　中心力と部分力の発見

また、『腹力体育法』に初めて出てきた〝過激〟の解決法の文章には、〝身体の中心〟を忘れて〝一方に傾いて〟あるいは〝一局部において〟急激な運動をすると、身体に害があるとも述べている。これは後に、〝「中心力」と「部分力」の比率〟として、強健術の重要な要素となるものである。ここで〝身体の中心〟と述べているのは、〝腹力〟のことであり、〝一方〟あるいは、〝一局部〟といっているのは、鍛えるべき筋肉（たとえば上腕二頭筋など）のことである。

普通、筋肉を鍛え、動かす際は、鍛えるべき筋肉、つまり〝部分〟に力を込める。しかし、そのような力の入れ方をすると、サンドウの鉄亜鈴運動のように、〝過激〟の問題が起こり、内臓を痛めたり、脳に悪影響を与えたりする。しかし、腹に力を入れて（＝腹力）から、目的の筋肉に力を入れると〝過激〟の問題は起こらないというのである。

「腹力」は後に発展して、「中心力」となるのであるが、その「中心力」＝「腹力」と「部分力」＝「鍛えるべき筋肉に込める力」の関係が正しければ、サンドウの鉄亜鈴運動ですら無害にすることができるともいう。

『私は何をやって、胃を悪くしました。何々をやって、肺を弱くしました。何々をやって、心臓を痛めました。何々をやって、腸をこわしました』と、いう様なことをしばしば聞きますが、これらの多くは、方法そのものが悪いために、害を受けたのではなくて、自分自身のやり方が間違っていたからです。最も気の毒なのは、サンドウの鉄亜鈴です。よく肺を痛めたり、心臓を悪くしたりしまして、特にサンドウ肋膜炎と言う新熟語さえ製造されました。体育学校を起こし、療養院を設けた、サンドウその人に就いては、しばしば死を伝えられました。なるほど鉄亜鈴によって、それらの害を受けたことは事実でしょう。またサンドウが、その予防法について言及しなかったことには、責任がございましょう。けれども、ひとり鉄亜鈴に限らず、どのような運動でも、またどのように重いものを使いましても、なおそれをどれほど激烈に振り回しても、もし――土台となる――中心の緊張――が、部分の緊張よりも強かったならば、――運動上、害を受けることは断じてありません。すなわち過激の問題は、絶対に起こりません。この原則さへ、しっかり握っておりますれば、どのような場合においても、運動をすべて有効に導くことが出来ます。この正しい力の比例でやりますと、働いて益々元気が生じます。また、たとえ疲労しましても、それは非常に心持のよい疲れです。そして一休み、グッスリしますと、大抵は拭ったように清められてしまいます。…私はテーブルを叩いて、サンドウのために、弁明しておきます。(体格改造法)

また、当時のアスリート達が、サンドウや他の西洋の運動家と同じように短命である理由は、この中心力と部分力の関係を理解していないからであるとも、述べている。

運動界の選手らが、かえってしばしば病気したり、あるいはかえって短命であったりする奇怪な現象の多くは、何に起因するのであるかというと、特別に不摂生な者のことは、しばらく置いておき、真面目に熱心に、運動競技の練習に、精進しつつある者において、なおかつその不幸事に、遭遇するものがあるのは、中心の鍛練を無視することと、正中心の姿勢を欠いて、胸腹部の内臓機関に、無理な圧迫を加えることと、中心力と部分力との比例を破って、過激の衝動を与えるからである。つまり多くの運動家は、中心力を顧みない。したがって身体の安定が、とれていない。枢軸となすべき所を、忘却し去って一局部に傾き、一局部に圧迫を与えて、急激に運動するから、内部機関に激動をおよぼし、また脳髄を衝いて、生理上の害を受けるのである。(聖中心道肥田式強健術)

こうして、押川の示したヒントにより、強健術は速度を取り入れ、より練習時間を短くすることに成功し、腹に力を入れてから(=腹力、中心力)、鍛える目的の筋肉に力を込める(=部分力)ことにより、運動の過激による内臓への悪影響を無害化し、その完成度は益々高まったのである。

この要素を付け加えるために、急遽『腹力体育法』は執筆された。タイトルの「腹力」は勿論、今回の改訂の重要な要素「腹力」のことである。『実験　簡易強健術』では、「気合」とされていたが、この「腹力体育法」に至って、より具体的に、より詳細にその方法が示されたのである。

この『腹力体育法』は、入隊の前には書きあげられていたのであろう。この本の序文は、入隊するわずか一ケ月前の明治四十四年十一月に書かれ、出版されたのは、入隊して三ケ月たった、大正元年二月のことである。掲載されている写真を見ると、処女作、『実験　簡易強健術』の写真では存在した頭髪が、きれいに刈上げられており、入隊の準備が進んでいたことをうかがわせる。

7　軍隊での生活

入隊の前日まで、仕事と講演に費やし、忙しくした理由を春充は、次のように語っている。

軍隊に入る時のお祭り騒ぎを避けて、入営前の一週間前に関西地方に旅立って、目の回るほど忙しく働き、入営の前日、夜行列車に搭乗して上京し翌早朝、ふらりと身を軍隊に投じた。（心身強健術）

近衛兵の紀章のついた軍帽を被る春充
（出典：心身強健術）

当時近衛連隊に入隊することが出来るのは大変名誉なこととされ、一族や郷土の栄誉として名士などから一席もうけられることも多かったという。春充は、このような華美な饗応を避けたのである。こうした所にも、父母より受け継いだ謙虚かつ質素を旨とする春充の一面を垣間見ることが出来る。

（WikiPedia 等を参考にした）

さて、入隊間もない十二月十六日、第十一中隊長野崎大尉は、志願兵達に日々の感想を書いて第一期検閲の時にまで提出するように指示した。すると、他の志願兵はノートの半分にも満たない分量であったが、春充が提出したのは、なんと細かい字でびっしりと書かれたノート九冊であった。その量の多さに、中隊長はもちろん教官の竹中中尉も驚倒した。

このように膨大な量のノートを作成出来た理由を、春充は次のように解説している。

私は四六時中、一切の事柄について、精密な観察を下し、その要点は、便所に入った時ポケットの手帳に記して置き、三度の食事の時、みんなより早く済ませて、新古兵がまだ食事をしている時、雑談している時、食器を片方へ寄せて手帳を参考にしながら、ノートにペンを走らせたのである。

（聖中心道肥田式強健術）

このようにして提出されたノートにつき、竹中教官は次のように評価した。

作業者の論旨、記述共にていねいであり、非常に適切なものが多いのは、平素より志願兵が、軍務に熱心であるからと信ずるところである。これを軍隊教育に、施すべきものは少なくない。またその意気の壮烈なること、紙上にみなぎり、読んで実に壮快である。作業者は精力の人である。長年研究した学理を、どのように軍隊教育に応用すべきかを、記述されることを望む。…孟子の母が、学業を途中で投げ出した我が子を発憤させるために、織りかけの織物を刀で断ち切ったという、孟母断機の故事は、千年後の今にして、なおこれを聞く者を賢母の目の前に、かしこまって立っているように感じさせる。孟子が、孔子に次ぐ聖人いわゆる亜聖とされるのも、この母の一瞬の啓発的な訓悔に基づくものではないと、どうして言えるだろうか。私は今、この日誌の所感に加えて、冷や汗が背を流れるような、恐ろしくも恥ずかしい思いがある。論語の中に、孔子の弟子である曾子が次のように言っている。「私は日に三つのことで我が身を反省している。人のために真心をつくしたか。友との交わりに信義はあったか。よく理解もしていないことを教えなかったか。」志願兵の間違いのない観察によって、私の反省を促すことは多い。深く感謝する。（聖中心道肥田式強健術）

春充のレポートは、その量が多いばかりでなく、内容も適切でかつ意気も壮んであり、読んでいて爽快になると評し、その上で長年研究してきた強健術を軍隊教育に応用することを希望している。また、春充の所感は、孟母断機の教えの如く竹中教官をして反省させるほどの内容でもあるという。この評価には、春充の驚異的な勤勉さばかりでなく、部下を率直に評価し、自らを素直に省みる竹中の優れた上官としての人間性も垣間見える。そして、このノートにおいて指摘した改良点は、後の『歩兵操典』で、ほとんど採用され改良されているという。

8　脚と腹力の関係の発見

春充は、軍隊の生活中も強健術の練習を続けていた。しかも、その練習の中で、強健術を進化させる重要な発見をしている。その練習の様子を春充は次のように語っている。

私は、明治四十四年一二月、一年志願兵として、近衛師団に入営した。そして、現役満期に引き続いて、第一次、第二次勤務演習に応召した。その間、一年と六ヶ月である。ちょうど、二等卒から、予備役将校までの階級を踏んだのである。演習に出たのは六ヶ月であるけれども、軍隊でやる教練は、一通りみなやった訳であって、体育上から色々の研究の機会を得たのである。（心身強健術）

私は経理部であったから、あとの一ヵ年は室内にあって、朝からから晩まで椅子に腰掛けたまま陸軍成規類典の暗唱に、これも一日では足りないほど。そして毎週必ず一回もしくは二回の試験の他に多くの宿題や、作業問題を課せられたから皆んなグッタリ疲れてしまった。（心身強健術）

猛烈な演習と、極めて忙しい班内生活をやりながら、私はなお、私独自の運動をやめることをしなかった。人員点呼が済むと、消灯ラッパが鳴る時分まで、兵舎裏手の、小高い森の中へ行って、独り熱心に、我が練修に励むのは、私にとって、実に絶大な楽しみであった。雨が降っても、雪が降っても、それが、ひどい降りで無い限りは、必ず出かけて行って、全身の力を中心に込め、一心不乱に猛烈な練修を続けた。寒さなどは直ぐに、吹き飛ばされてしまって、熱汗がにじんで来た。少しばかりの雨では、濡れながらやるのも、かえって愉快であった。その頃の連隊の前は、広い原っぱであって、建物などは一つもなく、夜は深い夜更けのはてしない雰囲気が、四辺に満ちて、まるで人里離れた、山奥にいるような感じがした。大きな兵舎も、シーンとして、怪物が眠っているようであった。時々巡回の週番士官に、見つかったこともあるけれども、入営早々連隊長の依頼によって、連隊の将校下士官に、講演したり、実演を見せたりしたので、よく私のことを知っているので、やかましいことは、言はなかった。

（聖中心道肥田式強健術）

この軍隊の中における練習で、春充は腹力と脚の関係に気がつき、強健術は大きく変容するのである。この発見について春充は次のように述べている。

後に説明する腹力と脚力との、力学的関係が、分かったのは、この兵営の森の中である。黒い森の梢から、きらびやかな星を睨みながら、渾身の力を、中心に籠めて、一人熱心に練修をしていると、ちょうど天外に、電光の閃くように、体育上の原則がパッと、頭の中に分かって来たことが少なくない。（中略）純真無我の境にあって、熱誠の力をふるっていると、思いもかけず、出し抜けに、啓発されたことがた

びたびあった。（川合式強健術）

この運動における、踵の踏み付けは、全く無意識より発現して来たものである。かつて心霊上の疑問にもだえ、春の宵、裏の小道に佇み、鈍根で何もすることのできない身をなげいて、無駄に泣きたくなる思いに堪えられない時、自分で自分の心に鞭打って、この方法を数回繰り返すと、どういう訳か、氣合と熱誠との迸る所、私の踵はまるで生きているかのように、運動につれて、無意識に激して力強く地面を打った。新元気、新精力は突如として、渾身に充ち溢れ、その時の快適は、実に説明することが出来ないものであった。キリストが、悪魔の荒野の試練に逢い、憤然としてサタンを一喝したような気概があった。ちょうど下弦の月は、花の下に傾き、夕風そよと吹いて、私を祝福するもののようであった。これがつまり私が脚より来る腹の力を、研究するにことになったきっかけであり、そして今では私においては、中心力の難問題は、釈放させられて、ほとんど完璧に近づいたのである。

（体格改造法）

この発見は後に「踏み附け」「踏み込み」と名付けられ、強健術の新しい要素となる。また、この要素が加わったことにより、これまで、強健術で残されていた問題点がことごとく解決することにもつながるのである。

9　腹力と脚について

この新しい要素、脚の力と腹力の関係とは、どのようなものか。考察してみたい。

前述の春充の文によれば、脚と腹の関係に気付いたきっかけは、心霊上の疑問に悩んでいた時、自分のふがいなさに、思わず脚を踏みつけたところ、一気に精神は爽快となり、元気、精力が湧きだしたことであるという。これが、脚と腹力の問題について研究する端緒となる。

また、脚と腹力の関係について春充は、次のような解説を行っている。

さて私は、『腹力』が『強健術』の最根本になることを述べた。そして『腹力』は腹筋の急激極度の緊張によって、最も強くなることをも語った。そしてまた腹筋の緊張は、脚の働きを借りてくれば、最も完全にすることが出来ることをも一言した。その脚の働きとは何か。外でもない。脚の踏みつけ方である。そしてそれはまた、動作に韻律的な調和美を発生させる根源である。（心身強健術）

先に考察したように、「腹力」とは、呼吸によって、横隔膜が圧下し、その結果腹筋が緊張して、臍下一寸五分（丹田）に力が入る、下腹に力が入るということになる。そしてこの、力の入れ方を、柔道の掛けのように瞬間的に力を入れるのであった。これを春充は、別名「気合」とも呼んでいた。この「腹力」を、脚を踏みつけることによって生み出すというのが今回の新たな要素なのである。このことに、気付いた経緯は、ここに挙げた例以外にも次のようなものがある。

号令をかけるのに、静止してやるよりか歩きながら、足を踏みつける瞬間に発声すると、非常に楽に自由にかつ確り出来るものである。これは腹筋の緊張を、脚力で助け、声が腹のドン底からほとばしり出るからである。（心身強健術）

ここで指摘していることは、脚を踏みつけることにより、腹に力が入り、号令の発声を助けるということである。つまり、脚を踏みつける動作は、腹筋の緊張を助長するのである。春充は、この事実を、強健術に応用した。これまでは、意識的な呼吸によって横隔膜を圧下させ、下腹を緊張させて腹力を造っていたのであるが、脚を踏みつけると、意識を用いることなく、ほとんど反射的に腹力が発生することに気がつき、この原理を強健術に組み入れたのであった。

春充は、この脚の踏み附けが、どのように腹力を造り出すのか、以下のように詳細に解説している。まず、その具体的な方法は以下のとおりである。

一、自然体をとって、身体のどこにも力を入れないで立つ。

一、そのまま股をあげて、膝を折る。

一、足の爪先は自然のまま下げている。
一、急に足を下して、激しく踵で踏み付けると同時に、腹に力をこめる。
一、そのとたん、一方の脚を伸ばしたまま股を開いて、側方にあげる。
一、上げた脚を、もとの位置に下ろして自然体に帰る。
一、踏み付けるのと、腹に力が入るのと、一方の脚を上げるのとは、同時に調和して出来ねばならぬ。
一、その間、実に秒時である。

各練修法の各動作において、腹に力を入れるときには、その力はこのようにして脚から持っていくのである。（心身強健術）

次に、その原理を次のように解説している。

◎踵に生じた衝動力は、アキレス腱、腓腸筋、上脚二頭筋を通じて、腹直筋の外側に響いて来ます。これを力学上から速度と見ます。

◎この場合この瞬間、他方の脚を上げますと、上体の重みが腹直筋の上方に落ちてまいります。これを力学上から重量と見ます。

◎上から来た重量と、下から行った衝動とは、一直線になります。そして腹でぶつかり合います。

◎この速度と重量の相乗積が一の力となります。

私が主張する方法に従って脚を働かせれば、このように生じた力はその瞬間だけ自分の体をほとんど二倍の重さにする。その瞬間の力と、勢いを利用して、強固な緊張を、腹筋と他の一筋とに与えるのである。

◎この力が生理的に働いて、腹直筋の緊縮力となります。それが、つまり『腹力』であります。

（健康の中心を強くする法）

この解説によれば、脚を踏みつけた衝撃力は、アキレス腱からふくらはぎの筋肉を通り、上脚二頭筋から腹筋、または、腹直筋の外側に走る。この時、もう一方の脚を挙げると、上体の重みが、腹筋の上に落ちてくる、こうして脚を踏みつけた衝撃力と、片脚を上げて生じた上体の重みは、腹で一直線に、ぶつかり合い、その衝撃力によって、腹筋と、鍛えるべき一つの筋肉を瞬間的に緊張させる。というのである。

踵から生じた衝撃力を、〝力学上から速度とみます〟。という表現と、腹直筋の上に上体の重みが落ちてくるものを、〝力学上から重量と見ます〟。という表現は、少々分かりづらいが、これには、次の記述が参考になると思う。

最近一派の学説によれば、人間の有する感情は重量を持っているというが、私は思う、感情そのものは重量を持っているものではない。感情が神経に働き、神経が筋肉に働いた時、そこに始めて力が生じる。そして力は重さと速さの相乗積である。（心身強健術）

ここで、述べている〝力は重さと速さの相乗積である。〟という言葉は、ニュートンの運動の第二法則、すなわち、F＝ma（F：力、m：質量、a：加速度）を念頭においての発言であると考えられる。しかし、この法則を、踵から生じる衝撃力と、上体の重みが腹直筋の上に落ちる力に当てはめるのは、少々無理があると考えられる。また、力は、〝重さと、速さの積〟ではなく、〝質量と加速度の積〟である。これは、自身の内的感覚を、物理法則でたとえた、一種の比喩と考えた方がよいと思われる。

また、「かくして生じた力はその瞬間だけ自分の体をほとんど二倍の重さにする。」という言葉を解明するには、次の記述が参考になる。

このようにして生じる力の量は、どの位のものであるかと言うと、感情に激して、観衆が立ち上げる時に生ずる力の量を予定した劇場、すもう場などの建築法によって測って見れば、その人間の固有の体重の六割から八割の物を、持ち上げることができる程の力である。その立ち上がる力は、感情の強弱に正

比例するものである。（健康の中心を強くする法）

つまり春充によれば、踏みつける力は、自身の体重の六割～八割の重さを、持ちあげることができることができるという。そして、自分の体重と、踏みつけた力による重み、すなわち最高で体重の八割の重みを合計すれば、「自分の体をほとんど二倍の重さにする」、つまり床面に体重の二倍の重みをかけることができることになる。後に春充は、この踏みつけで生じた衝撃力で、厚さ一寸ある道場の板を、何度も足の形に踏み抜いた。

また、この踏みつけの力の強弱は、腹力の強弱にも比例する。

踏みつけの型を行う春充（出典：心身強健術）

もう一つの法則を掲げて置きます。踵の踏み付けの強弱は、腹筋の緊縮力の強弱に正比例致します。この形式によって、腹力をつくるのでなければ、特に意志を用いて、横隔膜を押し下げ、腹筋を緊張させるのほか、方法はありません。

（健康の中心を強くする法）

腹力をつくる場合、これまでは、意識的に呼吸し横隔膜を押し下げていた。しかし、これでは強健術の要求する、「観念と運動の分離」が不十分であった。今回、脚の踏みつけにより、反射的に腹力が形成される方法は、この問題を一気に解決したのである。このことを、春充は次のように述べている。

これは腹式呼吸によって鍛えられる所のものを、いっそう簡易に、いっそう確実に、そしていっそう有効に獲得するのに最も便利な方法である。（心身強健術）

踏み付けたときには、故意に腹に力を入れるのではない。力は自然に入ってくるのである。脚の踏み付けが強ければ強いほど腹の力は強くなる。脚の踏み付け方の強弱と、腹筋の緊張力の強弱とは正比例するものであることに、私は気がついたのである。私が脚の働きを応用するまでは、腹筋を緊張させるのに多少意思の力を要したのであるが、このようにして脳を使わず、精神を働かせずして、ひとりでにそれが出来る道を見出したのである。（心身強健術）

10　脚による精神の支配

さらに春充は、この原理をおしすすめ、強健術の大きな特徴の一つ、身体の操作から精神を支配する方法を考案した。これまでは、「瞳光の不睨」という身体操作により精神をコントロールする方法を見出していたが、今回は、脚を操作することにより、精神をコントロールするのである。その原理を春充は、次のように説明している。

踵と、中心力との関係が解ると、古人が言った『踵を以て息をする』の意味が面白くなって来る。非常に感動、興奮した時には、足には必ず力が入って来るのみならず、ジッとしてはいられなくなって立ち上がる。これは、相撲や、芝居や、演説会などでしばしば見る所であって、この立ち上がる力は感情の強弱と正比例するものである。この道理を反対に行って、合理的な脚の踏み付けは意思力の養成となる。足の使役は、眼の支配と共に趣味のある問題である。（健康の中心を強くする法）

ギリシャ人が『人の精神は、歩行によってあらわれる』と言ったり、また俗に『足元の分からぬ奴』などと言うのは、偶然この間の消息を、指し示したものであって、人が死ぬ時にはまず脚がきかなくなる。これに反して、人が感動、興奮した時には、脚には必ず力が入って来る、それればかりではなくじっとしてはいられなくなって立ち上がる。これは相撲や、芝居や、演説会で、しばしば見る所であって、この立ち上がる力は、感情の強弱と正比例するものである。その他『足ずりして口惜しがる』とか、『席を蹴立てて立ち去った』とか言って、強烈な感情は自然に脚に働くものである。この道理を反対に行って、合理的な脚の踏み付けは、期せずして意思力の養成となる。脚の使役は、眼の支配と共に趣味ある問題であって、禅門向上の秘義もここに潜在する。熱心に修練して行く中には、『手を拍《う》って、大笑する底の大歓喜』に接することも出来るであろう。（川合式強健術）

これをギリシャの諺に『冷頭温足は、医師の仕事を奪う』と、聞く。東洋の名訓『頭寒足熱』と、ちょうど符節を合わせたかのようである。古人はまた、頭部の鬱血を下して煩悶苦悩を除き去るがために、『踵で息』する修養をしたものであるが、踵で息するがために精神を使うようでは、頭の血は下がらない。しかし、私の方法によれば、努力せずに脚は暖かに、頭は冷たくなり自ら無我無心、無念無想の妙境に入ることが出来るのである。（聖中心道肥田式強健術）

春充によれば、強い感情は、脚に現れる。その逆を行けば、脚から感情をコントロールできる。また、頭寒足熱は、のぼせて鬱血した頭の血を下げて、煩悶と苦悩を抜き去るばかりでなく、健康にも非常に効果がある。これを、古人は「踵で息をする」と言った。しかし、これまでの養生法などの方法では、頭寒足熱を実現するには、ある程度の意志の力や観念などが必要であった。今回春充が考案した、方法によれば、精神の力を借りることなく、機械的に頭寒足熱が実現でき、これを徹底すれば、禅門でいう所の、大悟に至ることも可能であると述べている。

この脚の「踏みつけ」によって「腹力」を造る方法により、強健術の「運動と観念」の分離は、完璧なものとなる。集約拳により、機械的に前腕の筋肉は、鉄亜鈴を持った時のように、緊張し、「瞳光の不眠」により、精神を目から支配した。そして、同時に脚の踏み附けにより、それまで、意志の力で造っていた腹力を、機械的に造ることができるようになったのである。

この春充の発見を、先の押川方義は、「大発見である」と大いに喜んだ。また、この方法は、「腹力」を完全にする一つの方法に過ぎないので、その要領を会得したなら、強く踏みつける必要はなく、ただその形式にのっとって行っただけで、「腹力」を造ることができるので、たとえ布団の上でも、建物の二階でも、どこでも行うことが出来るという。

春充は、ある人物から〝精神を集中〟して強健術を行ったらどうかとの意見を聞き、それを実践しようとしたが、うまくいかなかった経験があり、それについて次のように考察している。

ただその最後の要件である精神の集中に至っては、その言葉が抽象的であって非常に漠然としている。どうしたら、精神の集注を最も簡単になすことが出来、そしてまたその効果を最も完全に収めることが出来るかと言うそこが問題である。それには、雑念を去って無我無心にならねばならぬと言い、あるいは観念の統一が第一であるとも言う。しかも、それではなお具体的に分かりやすい方法とは言えない。

何でもない様なことではあるが、私はどうかしてこの問題に解決を与えて、運動の効果を完全に獲得せねばならぬと考えた。

そして、私は筋肉の緊張法の上から『腹筋の鍛錬』を応用した時、この精神上の問題から、予期せずして釈放させられたのである。ちょうど、松の枝に積もった雪が、朝日に解けて地響きして落ちた様に私は痛快に感じたのであった。(心身強健術)

こうして、観念と運動の分離は、完璧となり、観念を用いることなく、精神を肉体から機械的に支配するという「強健術の最大の特徴」がここに生まれることになる。これは、心身相関の理を追求した末のものであり、後に春充が創案する治療法「天真療法」にも敷衍され重要な要素となるものである。

そしてさらに後、肉体の操作により完全に精神を支配することが出来るようになる。それは、姿勢を正し腹力の発展した「正中心」に力を込めると、ただちに無念無想の境地（春充はこの境地を〝思考停止状態〟または、〝純虚〟と呼んだ）に、機械的に入ることが出来るようになるのである。この体験より、坐禅の坐法の欠点に気づき、それを改良している。また、晩年には、この境地より生まれ出た考察を、『宇宙倫理の書』として書き残すことを使命とし、死の直前までその追求は続けられた。

11　半田良平との出会い

春充は、近衛歩兵第四連隊で、後に歌人として名をはせる、半田良平（一八八七～一九四五）と出会っている。この出会いについて、半田は次のように述懐している。

私が川合君を知るに至った動機も実に不可思議なる因縁である。私が一兵卒として近衛歩兵第四連隊に入営して、周囲の人々には理解し難い心身の寂しさに泣いていた時、川合君は同じ連隊に予備見習主計として勤務されていて私の境遇を聞いて非常に同情され、わざわざ訪ねて来て下さって色々面倒を見ていただいたのである。その時の私の感謝の念は今どう表現していいか、私には分からない。

（心身強健術）

半田は、春充同様、幼少の頃母を失い、性格はおとなしく泣虫よばわりされていたという。また、一途にものを思いつめる風があり、読書好きでいつも書を手放さな

半田良平（出典：半田良平の歌と生涯）

かった。このような面が、春充と意気投合した一つの要因だったかもしれない。
また、半田は入隊したての大正元（一九一二）年十二月二十五日に次のような手紙を綴っている。

まだ三、四日しかいないうちに頭がぼんやりしてしまいました。ハガキもやっとの思いで書けるだけです。ややもすると意地の悪い（軍隊では別に怪しみませんが）古兵の眼が光ります。いま班長が特殊に貸してくれたヨミウリを見て、文壇というものが遠い遠い異国の潮騒のような気がいたします。私はもうこの生活がイヤでイヤでたまりません、何とか免れる工夫はないものでしょうか。

（半田良平の歌と生涯）

このように悩んでいた半田を、一年先輩の春充は訪れ、悩みを聞き、自分との共通点に共感し、慰撫したのであろう。春充は、一年志願兵であり、本来なら半田が入営したころには、除隊しているはずであるが、第一次と第二次の勤務演習に参加したため、あと半年留まることになっていたのである。こうした、出会いがきっかけとなり、半田は、春充の著作『心身強健術』に跋文をよせることになる。

12　椅子運動法の開発

春充は、さらに強健術の応用発展に余念がなく、軍隊勤務の中から、新たに「椅子運動法」なるものを生み出した。軍隊での目まぐるしい生活の中、椅子運動法を考案したきっかけを次のように、述べている。

これは、私の一年間の実験が産む所であり、少しその由来を述べさせてもらいたい。私は、四十四年の十二月、一年志願兵として某連隊に入営した。そして現役終了後、引きつづいて第一次および第二次の勤務演習とも、すべて済ましてしまった。この間が、一年と六ヶ月である。私は経理部であったから、演習に出たのは始めの六ヶ月である。あとの一年間は、朝から晩まで、椅子に腰かけたまま行う軍成規類典の無茶な暗記に、これも一日あっても足らぬ有様であった。学校にいた時は、一時間か二時間ごとに多少の休憩時間もあったのであるが、軍隊で、休む暇と言えば、昼食の時だけである。それとても、十二時の所へ長針がピシャッと行ってから室を出て、一時までには、連隊本部の経理室へ参集しなければならぬ。そしてこの短い間に、中隊へ帰って飯を飲み込んで入浴をもすまさなければならないのであるから、行きも帰りも駆け足をやった事は珍しく無かった。おまけに、立ち様が悪いの、坐り方が悪いのと、窮屈極まる不動の姿勢で攻められるのであったから、夜になると皆んなグッタリして仕舞ったのである。

それから、毎週必ず一回、もしくは二回の試験を行われ、その上に色々の宿題や作業問題を課せられるのであるから、日曜でも体を休めるどころか、徹夜に近い憂き目を見ることはしばしばであった。しかし…このような境遇が、私にこの椅子運動法を与えてくれたのである。

終末試験に及第したものでさえも、たいがい現役満期で御免をこうむって帰ってしまったのに…ジッと踏みこらえて、第一次、第二次までも継続して行くうちに、その窮屈無趣味な、生活の中から図らずもこんなものが完成したのであった。まことに偶然の結晶物に過ぎないのである。

(聖中心道肥田式強健術)

この超多忙、かつスパルタな教育と生活の中から生まれ出たのが、「椅子運動法」であった。この非常に厳格な教育を施したのは、当時の一等主計 門松善太郎であった。彼は、出来の悪い者の胸倉をつかまえ、突き飛ばすなどは日常茶飯事であったが、あまりにその程度が酷過ぎると春充は、上官である門松に、難解な法理論を持ちだしてやり込めたという。しかし、門松の厳格な教育のおかげで、第四連隊の成績は、近衛師団の中で断然抜きん出ていた。また、奔放で、大雑把な性格であった春充が、どんなに緻密な問題でも積極的に取り組めるようになったのも、門松の厳格な教育のお陰であると、後に感謝を捧げている。

椅子運動法は、これまで編み出された強健術の動きを基礎として、前腕、上腕、肩、胸、腹、上脚、下脚の七か所を鍛える運動となっている。腹筋の緊張(=腹力)を基礎として、他の鍛えるべき筋肉の緊張を調和させるという原則は、強健術と同様であるが、大きく異なる点は、

○徐々に強く、筋肉を緊張させる事。
○息を出しながら、段々と力を込めること。

の二点である。強健術では、急激に緊張を行っていたが、この椅子運動法では序々に息を吐き出し、鍛える目的の筋肉にも序々に力を込める点が異なっている。また、椅子の、背もたれの横棒を利用したり、椅子の脚を利用して筋肉を鍛えるなど、いかにも会計の実務の中から生まれてきたと思わせる非常にユニークな運動となっている。しかし、その根底には、強健術の根本要素、腹力が確りと組み込まれていることを忘れてはならない。この椅子運動法は、強健術とともに、この後さらに進化発展していき、その型も大きく変化していくこととなる。

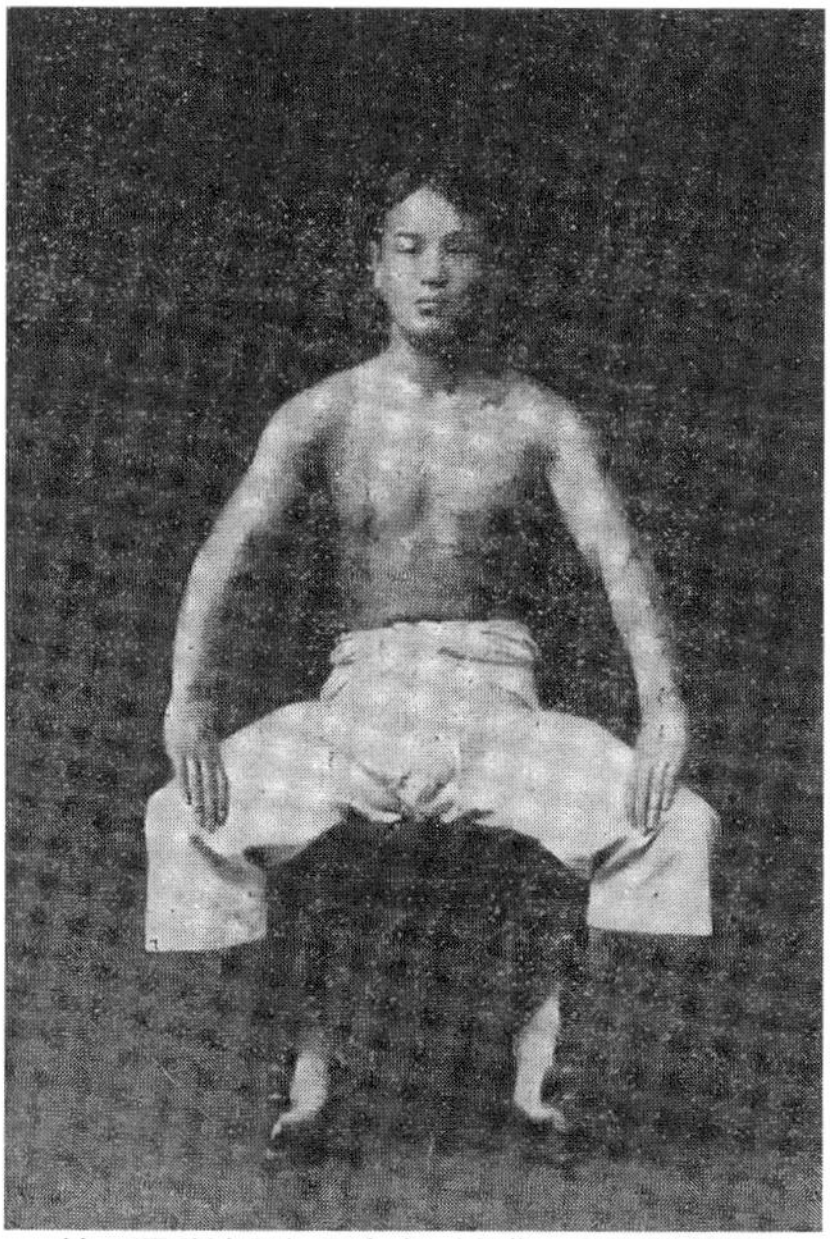
椅子運動法を行う春充（出典：心身強健術）

13　軍隊での出来事

春充が、入営したての頃以下のような出来事があった。

私が明治四十四年、一年志願兵として某連隊に入営した時、連隊長の命により最下級のボロ服を着て演壇に立ち、連隊の将校下士官全部のために、強健術運動法の講演と実験とをやったことがある。さすが体育の本場ともいうべき軍隊のことであり、若い将校下士官はことごとく熱狂した。鬼をもひしぐ様な連隊区指令官は、感動のあまり落涙されたと言う。雨あられのような拍手のもとに実験が終わり、司会者が閉会を告げようとすると、しばらくこれを制止して、某高級軍医は進み出て、わざわざ演壇に登って反対演説を試みられた。要点は、軍隊では衛生上水を飲むことを禁止している。しかし志願兵は、演壇においても水を飲み、その著書においても水を飲むことを奨励している。また運動練修の実際を見ると、非常に強烈であって、あれ程の動作をやれば中々空腹を感ずるであろう。しかし軍隊においては、食糧が一定している。その栄養率はこれこれであると、数字をボードに書いて説明し、このような訳でこうした運動法は、軍隊において採用するものではないと、結論された。私は熱心に傾聴した。けれども、弁解する必要はないと思って黙っておった。すると私の属しておった中隊長が、憤然として立ち上がり、私に代わって語気鋭く反論された。そこにもここにも、ブツブツ言う声が起こった。指令官は、軍医正の演説中不快な面持ちをして椅子を離れ、ツカツカと私の前まで来られ、丁重に『どうも、ありがたかった』と、謝辞を述べて退席された。後で軍医正は、連隊長から叱責されたそうである。単なる運動法に対してすら、医者はこのように狭量である。自然療法、心理療法、物理療法、食事療法などが長く医学会に受け入れられなかったのも当然の事である。（強圧微動術）

このエピソードは、陸軍でも春充が編み出した強健術に多大の関心を持ち、一志願兵であるにも関わらず、上官達の前で実演と講演を行わせるという破格の扱いをしたということである。当時いかに強健術が、世間に大きな影響を与え、注目されていたかをうかがわせる話であり興味深い。また、軍医から見れば、単なる素人の健康法と目に映り、一兵卒が上官に向かって講演するのを、苦々しく思ったのであろう。

陸軍が、強健術に並々ならぬ関心を持っていたのとは裏腹に、このような言いがかり的な反論も、当時は多く存在したに違いない。

また、見習主計三名が、飛行機の着陸を、窓のそばで見ていたところ、いきなり新任少尉が入って来て、三人を殴打した事件があり、それに対し春充は、自己の階級を放棄する覚悟で、大隊長に

正装した軍隊時代の春充（出典：心身強健術）

抗議したというかにも春充らしいエピソードも残っている。

さらに、在隊中に名誉射撃成績等で表彰もされている。射撃に関しては、様々な工夫をしたようであり、次のような記述がある。

○射撃の三大要件とも言うべきものを挙げれば、

精神　無念。平安。自信。

姿勢　腹力。腕と手。呼吸。

技術　照準。肩着き。引き金。（心身強健術）

射撃の要件として、〝精神〟、〝姿勢〟、〝技術〟の三つを挙げ、その姿勢中に強健術の〝腹力〟及び〝呼吸〟を取り入れている点は興味深い。春充は、軍隊において以下のような武術を貪欲に学んだ。

私は、身体鍛錬の要則を学ぶために、武術に対しては、最も熱心に稽古し、槍、薙刀、弓、銃剣術、射撃等についてもその真髄を会得した。射撃では、閑院宮殿下から賞状を頂いた。（聖中心道肥田式強健術）

こうして春充は、学科実科共に最優秀の成績を以て一年半の軍隊生活を終え、大正二年五月末に退営する。その学科における答案は、しばしば模範として一般に示されたり、陸軍の雑誌に掲げられたりしたという。

聖中心伝―肥田春充の生涯と強健術―青年編　了

壮年編に続く。

＊著作権者が不明な写真等があります。
該当者ならびに関係者の方、また情報がありましたら
弊社にお知らせいただければ幸いです。

酒井 嘉和（さかい・よしかず）

1963年生。東洋大学文学部印度哲学科卒。肥田式強健術研究家。

共著：「武術と身体 1 特集 肥田春充」壮神社＋気天舎

ホームページ「聖中心道肥田式強健術」http://hidashiki.na.coocan.jp/ 主催。

聖中心伝　肥田春充の生涯と強健術　青年編

2020年 1月15日　第1刷印刷
2020年 2月29日　第1刷発行

著　者　酒井嘉和

発行者　恩蔵良治
発行所　壮神社（Sojinsha）
〒102-0093　東京都千代田区平河町 2-2-1-2F
TEL.03-3239-8989 ／ FAX.03-6332-8463
ISBN978-4-86530-053-6　C0075

聖中心伝　肥田春充の生涯と強健術　壮年編　予告

第五章　帰郷と父立玄の死

帰郷と「心身強健術」の執筆／対外活動の活発化／蓮沼門三、山下信義との義兄弟の契り／修養団　天幕講習会／「心身強健術」の出版とその反響／広がる人脈／加藤時次郎／村井弦斎との出会い／村井弦斎が指摘する強健術の特徴／「利動力」の応用／父の死／山根寿々栄／父を亡くした悲しみ／様々な講習会／新たな強健術の誕生『強い身体を造る法』の出版／「中心」について／新しい強健術／第二回天幕講習会／冬季天幕講習会

第六章　「聖中心」落節

結婚／執筆と長女誕生／「強圧微動術」の出版／心境の深まり／兄信水の影響／迷信と新興宗教／郡是製糸と信水／国際労働会議と信水／国際労働会議と田沢義鋪／郡是製糸と春充／鬼塚捨造、正二親子／安藤亀次郎／江連力一郎／尼港事件／大輝丸事件／別の理由／『独特なる胃腸の強健法』／石塚左玄の食養／村井弦斎の食養／中心落節前夜／聖中心悟得／聖中心体得の瞬間／聖中心落節以後の主な変化その１／聖中心落節以後の主な変化その２／聖中心落節以後の主な変化その３／二等主計への昇進／関東大震災／次兄真永の死／中心力雄弁法／村民との対立／『二分三十秒の運動で健康の中心を強くする法』、『川合式強健術』の出版／それまでの強健術の誤り／『実験　根本的健脳法』／中井猛之進と天然記念物リュウビンタイ／春充と昭和天皇／講演とその反響／中心力抜刀術／訴訟事件／加藤時次郎の死／養父和三郎の死／谷村金一の子／飯田檔隠との出会い